戴逸看清史 二

探寻历史走向与细节

戴逸 著

中国大百科全书出版社

图书在版编目（CIP）数据

戴逸看清史. 二, 探寻历史走向与细节 / 戴逸著.
-- 北京 ： 中国大百科全书出版社，2022.1
　　ISBN 978-7-5202-1056-0

　Ⅰ．①戴… Ⅱ．①戴… Ⅲ．①中国历史—清代 Ⅳ.
①K249.09

中国版本图书馆CIP数据核字(2021)第253360号

出 版 人　刘国辉
策 划 人　王一珂　曾　辉
责任编辑　鞠慧卿
责任印刷　魏　婷
封面设计　今亮后声
出版发行　中国大百科全书出版社
地　　址　北京阜成门北大街 17 号
邮政编码　100037
电　　话　010-88390969
网　　址　http://www.ecph.com.cn
印　　刷　北京汇瑞嘉合文化发展有限公司
开　　本　880 毫米 ×1230 毫米 1/32
印　　张　8.75
字　　数　181 千字
印　　次　2022 年 1 月第 1 版　2022 年 1 月第 1 次印刷
书　　号　ISBN 978-7-5202-1056-0
定　　价　59.00 元

目　录

文史随想

文史随想

曹雪芹与平郡王不为人知的过往

　　《红楼梦》是蜚声世界的伟大现实主义小说，但作者曹雪芹的事迹湮没不彰，这不能不说是我国文学史上的憾事。

　　有关曹雪芹的资料极少，故他与平郡王福彭的往来无文献可征。但福彭是曹雪芹的亲姑表兄却是无疑。康熙四十五年（1706），康熙帝传旨令曹寅之妻送女北上与王子完婚，此王子即讷尔苏，袭封平郡王。曹氏所生子即福彭，为雍乾之际政坛上的重要人物。曹氏活得较长，在世的时候，曹家无论如何败落，至亲骨肉，往来必甚频繁。据档案记载，曹頫革职抄家，返回北京，金陵的房屋归继任织造隋赫德所有。雍正十一年（1733），老平郡王讷尔苏（时已革爵）曾帮着曹家向隋赫德索借银两三千八百两，隋赫德不敢违抗。可见平郡王府对曹家的护持。《红楼梦》中描写几个大家族，"一荣俱荣，一损俱损"，曹家的阔亲戚、老关系还不少。因此乾隆初年，曹家家道尚不至败落，福彭和曹雪芹也谊属至戚。过去对福彭的了解不多，但在《清实录》和乾隆帝的诗文中却保留着相当丰富的资料。福彭和一般庸碌王公、八旗子弟不同。他英年早慧，才华出众，受到康熙、雍正、乾隆三朝皇帝的赏识。曹雪芹和他年龄相差不大，福彭长于曹雪芹六七岁或十余岁（因曹雪芹生年尚无定说），两人必有往来。除至亲关系外，亦当有惺惺相惜之情。由此推想：曹雪芹思想和性格的某些方面也许受到表哥的影响，在文献不足征的情况下，这一推想有相当的合理性。

福彭是努尔哈赤的八世孙，属于代善、岳托的支裔。岳托因功始封克勤郡王，是清代世袭罔替的八家"铁帽子王"之一，后改称平郡王。福彭幼年聪明伶俐，被康熙皇帝看中，养育宫中，这是特殊的恩宠。康熙的嫡孙近百人，多得认不过来，被养育宫中的只有弘历（即乾隆）、弘晳等数人。后来乾隆对此津津乐道，引为殊荣。非颖慧特殊之儿童，虽嫡孙也不能得此待遇。福彭以远支宗室，幼时养育宫中，必有过人之才质。

雍正四年（1726），讷尔苏得罪革爵，年仅十九岁的福彭继其父为平郡王。六年，被雍正选入内廷，与皇子们一起读书，同学五人，即皇四子弘历、皇五子弘昼（后封和亲王）与康熙的两个小儿子皇二十一子允禧（后封慎郡王）、皇二十四子允祕（后封诚亲王）。这五个同学内，福彭最大，年二十一岁。允禧、弘历、弘昼同年，十八岁。允祕最小，十三岁。雍正帝对皇子的教育十分重视，慎选师傅，他特别挑选年龄稍长的福彭，与弘历等同窗学习，必是看中了品学兼优的福彭，希望他的为人和学业能影响年龄稍小的皇子们。

在内廷学习期间，雍正八年，福彭曾奉命至盛京修治皇

陵前的河道，又派管旗务，署理都统，擢宗人府宗正，又派
在军机处行走。雍正九年，清军与准噶尔大战于和通泊，清
军战败，溃不成军，这是历史上著名的"辛亥之败"。当时，
前线紧急，军队要进行整顿、改组，需要一位有胆有识、英
勇能干的统帅。满朝无数宿将，雍正帝都没有看中，却毅然
遴选尚在书房读书、二十四岁的青年福彭为定边大将军，赴
前线指挥。让他肩负军事重担，这在当时是惊人的破格之举，
亦可见雍正对福彭的信赖和器重。

　　弘历和福彭长年同学，相知甚深，情谊尤笃。当时弘历
称"圆明居士"，弘昼称"旭日居士"，这是雍正帝给他们
兄弟俩取的雅号，福彭亦称"如心居士"，他敢采用与皇子
们类似的雅号，可见同学关系之亲密，这一雅号可能也是雍
正帝赐名。弘历即帝位以前，将自己的诗文，辑为《乐善堂
全集》。时福彭已统军赴边疆，万里以外，为此书作序。福
彭平生所作，除奏折，殆无存留，唯此序文，刊载于御制《乐
善堂全集》之卷首。可见福彭与乾隆帝关系之深。《乐善堂
全集》内赠福彭的诗文甚多，弘历对这位学侣极为推重称赞，
说福彭"虽年少而器识深沉，谦卑自牧，娴学问，通事理"[①]。
更难得的是福彭文武全才、晓畅兵机。福彭为大将军，统兵
赴乌里雅苏台，启行之日，弘历亲自送行至京郊清河，依依
惜别。弘历青年时代，除了自己的弟弟和年轻叔叔之外，福
彭是他的唯一挚友。福彭在边陲三年，弘历屡次题赠诗句，

---

① 《乐善堂全集定本》卷七《送平郡王奉命往盛京修理福陵前河道序》。

称"武略文韬藉指挥，书斋倍觉有光辉"，"暖阁薰炉刻漏移，闲情万里忆相知"，"如心居士知无恙，两字平安藉送来"，可见弘历对福彭的赏识和眷念之情。

福彭受康熙恩养、雍正拔擢、乾隆赞誉，三朝知遇，在历史上极为罕见。这三个皇帝都是中国历史上的英明君主，不轻易赞许别人，是福彭必有过人之才资，才得以重用。曹雪芹有这样一位出类拔萃的亲表兄，想必受其熏陶。在曹雪芹这位伟大作家的成长史上，福彭当是一位重要的人物。端木蕻良先生的小说《曹雪芹》写了平郡王福彭，但性格较粗，资质平庸，与一般八旗子弟相似，与真正的福彭相去甚远。

福彭治军有方，曾驻节乌里雅苏台、科布多、鄂尔坤等地，又筑城额尔德尼昭。雍正十三年，雍正帝死，乾隆帝即位，立即召他的挚友福彭回京，参加总理事务处，为协办总理，地位在老资格的庄亲王允禄、果亲王允礼之下，而居鄂尔泰、张廷玉、讷亲之上。福彭在雍乾之际的政治舞台上是一颗冉冉上升的新星。

尽管福彭才德兼优，与乾隆同窗至好，且一度被重用，但后来这颗明星反而逐渐黯淡。虽曾管理正黄、正白旗事务，但未曾大用，不掌握朝政大权，其原因尚待进一步探索。这可能与乾隆帝用人的路线有关。乾隆帝鉴于康熙、雍正两朝宗室王公掌权，兄弟阋墙之教训，完全排斥宗室亲贵执政，而起用讷亲、傅恒等人。乾隆初，果亲王允礼逝世，庄亲王允禄得罪黜退，平郡王福彭也在改组总理事务处、恢复军机处时退出中枢政权。终乾隆之世再也没有宗室王公参加中枢政权。乾隆对他们礼遇隆厚、优给俸禄而不假以事权，年轻有为的福彭从此息影政界。乾隆十三年（1748）十一月，福彭病死，年四十一岁。谕旨称："平郡王宣力有年，恪勤素著，今闻患病薨逝，朕心深为轸悼，特遣大阿哥携茶酒往奠，并辍朝二日。"这是特殊的恩礼，乾隆帝对这位昔年的老同学还有相当旧情。

福彭死时，曹雪芹正在创作《红楼梦》。书中所写富家生活，既有破落前曹家生活的实录，也有采自其他的王公家庭。平郡王家是当时最显赫的贵族家庭，又是曹雪芹的至亲，曹目睹姑母家的奢华与排场，印象必极深刻，故能对 18 世纪满人贵族的豪富生活写得惟妙惟肖，入木三分。

是否有香妃其人？

社会上流传，乾隆中清军平定回疆，得小和卓霍集占之妃，号"香妃"，献于乾隆帝，但香妃怀念故国，暗藏利刃，欲刺杀乾隆。皇太后知其事，乘乾隆外出，将香妃杀死。还说：香妃死后归葬故乡，今喀什噶尔东有香妃之坟墓。在清末王闿运的《今列女传》中即有"回妃"欲刺乾隆的记载，其故事梗概，与后来传说的香妃相同，但尚无"香妃"之名。1914 年，故宫陈列出所谓"香妃戎装像"的油画，画的是身穿铠甲、佩剑挺立、英姿勃勃的女子，据说是郎世宁所画，像下有事略介绍：

> 香妃者，回部王妃也。美姿色，生而体有异香，不假熏沐，国人号之曰香妃，或有称其美于中土者。清高宗闻之，西师之役，嘱将军兆惠一穷其异。回疆既平，兆惠果生得香妃，致之京师。帝命街内建宝月楼居之。楼外建回营，毳幕韦鞲，具如西域式。又武英殿之西浴德堂，仿土耳其式建筑，相传亦为香妃沐

浴之所。盖帝欲借种种以取悦其意，而稍杀其思乡之
念也。讵妃虽被殊眷，终不释然，尝出白刃袖中示人曰：
"国破家亡，死志久决，然决不肯效儿女子汶汶徒死，
必得一当以报故主。"闻者大惊，但帝虽知其不可屈而
卒不忍舍也，如是者数年。皇太后微有所闻，屡戒帝
勿往，不听。会帝宿斋宫，急召妃入，赐缢死。[①]

故宫展出了香妃像，轰动了当时的北京城，观者如堵，
街谈巷议。此后，各种野史、演义，敷衍陈说，香妃的故事
愈益曲折离奇。事实上，展出的香妃像虽系宫中女子，但是
否即为香妃，并无确据。事略介绍系当时陈列者杜撰，不足
深信。

乾隆帝于平定回疆后，确曾纳一维吾尔族女子为妃，为
和卓家族后裔，故谕旨中称她为和卓氏或霍卓氏，初封和贵
人，后封容妃。此外，并无另一维吾尔族妃子。所谓"香妃"，
即由容妃附会而来。唯容妃的情况和事略与介绍中大相径庭。
此数百字之事略介绍中，可指出的谬误甚多：（1）容妃系
和卓家族后裔，非和卓之妃；（2）所谓"生而体有异香"，
从生理学上看，是不可信的；（3）西内宝月楼建于容妃入宫
之前，并非为容妃所建；（4）浴德堂在武英殿侧，地处外廷，
为臣工往来之地，内廷妃嫔岂能在此沐浴？（5）容妃在宫中
生活二十八年，无袖刃行刺之事；（6）容妃系病故，非被皇
太后缢死；（7）容妃死时，皇太后已死十一年，岂能杀容妃？

---

① 转引孟森：《香妃考实》。

由此可见，香妃的故事多出向壁虚构。

容妃的曾祖是回疆白山派著名领袖阿帕克和卓之弟喀喇玛特，喀喇玛特之子墨敏生子六人，其第三子阿里和卓即为容妃的生父。阿里和卓早死，容妃随其五叔额色尹、六叔帕尔萨与胞兄图尔都长大（有的学者认为：容妃之父是帕尔萨，而非阿里和卓，姑存疑待考）。故容妃与回疆叛乱之小和卓霍集占是远房堂兄妹，而非其妃。额色尹一家曾反对霍集占等叛乱，清军平回疆后迁居北京。现存清朝档案中有一份《容妃遗物折》，记载容妃死后其所遗衣服、首饰分送各处，名单中即有"丹禅"（娘家人）公额思音（即额色尹公爵）、帕尔萨、图尔都之妻（即容妃之嫂）及容妃之姊妹。这份档案中所载容妃的娘家人甚明。按额色尹、帕尔萨、图尔都均名列清朝史籍，为维吾尔族上层贵族，与大、小和卓布拉尼敦、霍集占一样，早年被准噶尔拘留在伊犁。清廷平准部，达瓦齐失败，额色尹等即回到叶尔羌，因不肯随从霍集占等叛乱，避居布鲁特。乾隆二十三年（1758）底，兆惠攻回部，在黑水营被围，额色尹、图尔都曾联络布鲁特人进攻喀什噶尔，以声援清军。史载："乾隆二十三年，闻大军征霍集占，抵叶尔羌。霍集占抗诸喀喇乌苏，（图尔都）阴以布鲁特兵从额色尹，攻喀什噶尔，分贼势。"[1] 由于额色尹、图尔都与布鲁特兵配合作战，使布拉尼敦不得不分兵回援喀什噶尔，减轻了黑水营清军的压力。平定回疆后，清廷论功行赏，给

---

[1] 《回疆通志·图尔都传》。

以优遇。但额色尹等系和卓家族，清廷怕他们留在回疆，以和卓名义，鼓动群众，肇生事端。如兆惠所说："因思伊等系霍集占同族，又与布鲁特相契，恐回人等又以伊等为和卓，妄行敬信。"①因令额色尹等入觐，趁机将其合族迁居北京。这次从南疆迁京的维吾尔族上层家族甚多，除额色尹家族外，尚有功高势盛的霍集斯全家。霍集斯曾生擒达瓦齐，说降和阗，转战黑水营，追敌巴达克山等，立下重大功绩，但清廷也不放心他留居故土，令其入觐。启行后，即强制将他全家分批迁移北京。乾隆二十四年十二月有一道谕旨：

> 从前密谕办送霍集斯及诸子来京者，恐其仍居旧地，或滋事端。今霍集斯既情愿入觐，而沿途行走情形，又毫无可疑。则伊来京后自必加以恩赏，俾得安居。此时漠咱帕尔（霍集斯之子）等尚须办理起程，并传谕舒赫德等遵照节次谕旨，毋使长途劳苦。伊等起程后，则所查霍集斯之家口，不妨明白晓示，以霍集斯蒙恩旨留京，来取家属团聚，务宜供给饶裕，加意照看。盖伊等非获罪之人籍没家产者可比，所有积蓄俱一同办送，仍约束兵丁回人，毋许妄行偷窃，其田园房屋，亦应变价给赏，以资生计。②

---

① 《清实录》卷五九三，乾隆二十四年七月庚午。
② 《清实录》卷六〇三，乾隆二十四年十二月己亥。

从霍集斯家族的遭遇可见，他们迁来北京是圣旨强迫，并非自愿，而且分批迁徙，先以入觐名义将霍集斯召往北京，然后又命其子漠咱帕尔入京，最后才明白晓示迁往北京的圣命，取其家属晋京。皇帝担心士兵们执行强制迁徙可能会发生暴虐不法行为，故谆谆嘱咐不可像对待犯罪被抄家的人一样。他们入京虽待遇优厚，却是迫于皇命，并无自由可言，故乡的田园房屋，亦俱行变卖。额色尹家族迁京和霍集斯家族同时，情况亦相类似。额色尹并无霍集斯那样的功劳和实力，但身为和卓家族的成员，处危疑之地，合族迁京，当亦迫于皇命而非自愿。他家亦系分批入京，额色尹于乾隆二十四年九月先晋京入觐，图尔都则于十二月到京。这时乾隆给兆惠的谕旨中说："除兆惠所奏现在送京之图尔都和卓外，仍将伊等家口送京。其玛木特（系额色尹之子，容妃之堂兄）之子巴巴和卓，兆惠等回京时亦即同来。"[1] 可见，额色尹、图尔都之家口，包括额色尹之孙巴巴和卓在内是兆惠班师回京时携带同来的，兆惠班师回北京已在乾隆二十五年的二月底。但容妃来京略早，可能是和他的哥哥图尔都同行，因据档案所记，乾隆二十五年二月初四日新封和贵人，赏赐珍珠、首饰、金银、缎裘等物。[2] 可见她二月以前即已入宫，并不是随兆惠到京的。容妃生于雍正十二年（1734），入宫在乾隆二十五年（1760）初，时年二十六岁。当年六月十九日皇帝进皇太后及赏赐皇后等十八人荔枝，即有和贵人

---

① 《平定准噶尔方略正编》卷七九。
② 《内廷赏赐例二》，转引于善浦：《考证香妃资料》。

在内，名列倒数第二，在瑞贵人之前。^①二十七年晋封容嫔，三十三年晋封容妃，曾多次随同皇帝外出，至避暑山庄、木兰围场，并南巡江南、东巡曲阜、谒陵盛京。容妃的叔叔额色尹，封辅国公；哥哥图尔都，初封一等台吉。和贵人入宫不久，乾隆即将宫内女子巴朗赐给图尔都为妻。二十七年和贵人晋封容嫔，图尔都追论攻喀什噶尔功，晋封辅国公。图尔都、额色尹死后，其后裔例应降等袭爵，但都破例仍袭封辅国公。

容妃病逝于乾隆五十三年四月十九日，享年五十四岁，她住在内宫二十八年，颇得皇帝宠爱。生前长期保持着伊斯兰习俗，不食猪肉，故历年赏给容妃的食品单中，多牛羊肉、瓜果，而无猪肉，且长期穿用维吾尔族服饰。传说中所谓香妃被皇太后赐缢是绝无其事的，皇太后即乾隆生母孝圣宪皇后，在乾隆四十二年已死，岂能在五十三年杀死容妃？

容妃死后，葬于遵化清东陵。据《大清会典事例》载：五十三年"奉移容妃金棺于纯惠皇贵妃园寝，安设神位于舒妃之次"^②。这里安葬着乾隆帝的三十六位妃嫔，在明楼东部第二排第一号即为容妃之墓。墓已被人盗掘，且长年失修，墓穴塌陷。1979 年至 1982 年将地宫清理修整，清理出头骨和部分残骸、六颗牙齿和一条花白的发辫，经医学鉴定，其体型与维吾尔族属相符，其棺木上尚能辨认有用维吾尔文书写的《古兰经》文。这座墓穴的主人，应是乾隆的维吾尔族

---

① 《哈密瓜、蜜荔枝底簿》，转引于善浦：《考证香妃资料》。
② 《大清会典事例》卷四三二。

妃子容妃无疑。

今新疆喀什市有一座建筑宏伟的坟墓，传说香妃死后归葬于此，或称"香娘娘庙"，为乾隆敕建，这都是讹传。事实上，这座墓维吾尔族人称为"阿巴和加玛札"，实为白山派首领阿帕克和卓及其父亲的葬地，后来他们的后裔也多安葬于此，实为容妃高祖、曾祖及祖辈、父辈的墓地，与容妃本人无关。"阿巴和加"即阿帕克和卓，"玛札"即圣人的坟墓，其义甚明，这座坟墓在容妃入宫之前即已存在，自非乾隆敕建。当平定回疆时，清廷下令保护先世和卓的坟墓："霍集占等虽负恩肆恶，自取诛戮。至其先世，君长一方，尚无罪戾。今回部全定，喀什噶尔所有从前旧和卓木等坟墓，可派人看守，禁止樵采污秽，其应行修葺分例，并著官为经理，以昭国家矜恤之仁。"①下达这道谕旨，正在容妃入宫一个多月之后。这里所说坟墓，即是今喀什市的和卓坟，后来讹传为香妃墓。

乾隆帝纳维吾尔族女子为妃是对被征服少数民族的拉拢手段。他一方面不放心维吾尔族上层，怕他们留在故土聚众造反，所以把和卓家族、霍集斯家族移居京师，隐含隔离监视之意；另一方面又尽量笼络，给他们加官晋爵，赏赐银物，这正是乾隆帝恩威并用政策的体现。纳其女为妃、保护先世和卓的坟墓，都是乾隆帝的民族政策的组成部分。

平定回疆后，迁来北京之维吾尔族人不少。霍集斯、额

① 《清实录》卷六〇九，乾隆二十五年三月壬戌。

色尹、图尔都等被赐以王爵、公爵、台吉，例归理藩院管辖，而大批留京的乐工、匠艺人等则编成一佐领，任命白和卓为佐领，归内务府管辖。为了安置他们，在西长安街路南建房一百四十七楹，以资居住。其西建一清真寺，为维吾尔族奉教礼拜之地。乾隆帝为清真寺亲作碑记云：

> 定回部各城，其伯克霍集斯、霍什克等并赐爵王公，赐居邸舍，而余众之不令回其故地者，咸居之长安门之西，俾服官执役，受廛旅处，都人因号称回子营。……爰命将作支内帑美金，就所居适中之地，为建斯寺，穹门岂殿，翊庑周阿，具中程度。经始以乾隆癸未（二十八年）清和吉月，浃岁落成。回众以时会聚其下，轮年入觐之，众伯克等无不欢欣瞻拜，诧西域所未曾睹。……国家推以人治人之则，更为之因其教以和其众。①

乾隆帝说得很清楚，他在宫苑侧近建立这一清真寺是为了崇奉其宗教，以团结维吾尔族民众。此处当时成为京城内别具特色的街市。乾隆末，有人作诗歌咏北京的景色习俗，其中有一首《回子营》：

> 靴皮连底帽尖崇，鹘眼拳须鼻准穹。

---

① 《钦定日下旧闻考》卷七一。

宝月楼南依禁苑，一营回族聚羌戎。①

诗注云："西苑南墙之外，即回子营，正当宝月楼下，衡宇相望，为西域回部聚居之所。其人鹘眼穹鼻，状貌大率相类，皮靴尖帽乃其服式也。"这里所说的正是维吾尔族典型的相貌与服饰。

传说中又有所谓乾隆帝为安慰香妃，为她建宝月楼，以便瞻望墙外回子营的景色，以寄托乡思，这也是虚妄无据的。按宝月楼在中南海之南，紧倚宫墙。民国元年，中南海改为总统府，开辟南门，以便出入，宝月楼适居其中，即就此楼，改为府门，即今日中南海临长安街之南大门——新华门。当年的宝月楼经改建为门楼，已成今日全国瞻仰注目的辉煌建筑。如果稍稍注意新华门的形式，便觉它不像普通的大门，而像一座楼房，殊不知它正是由一座楼房改建的。宝月楼建于乾隆二十三年，其时容妃尚未入宫，远在南疆。乾隆自然不可能为了取悦一个尚未入宫的维吾尔族女子而建造此楼。他曾明确说明建造宝月楼的缘起：因西苑太液池南岸向无殿宇，正好有一片空地，因建构此楼。"宝月楼者，介于瀛台南岸适中，北对迎薰亭，亭与台皆胜国遗址，岁时修葺增减，无大营造。顾液池南岸逼近皇城，长以二百丈计，阔以四丈计。地既狭，前朝未置宫室，每临台南望，嫌其直长鲜屏蔽。则命奉宸，既景既相，约之椓之，鸠工戊寅之春，落成是岁之

---

① 前因居士：《日下新讴》。

秋。"①乾隆帝在三十三年所写宝月楼诗中有句："鳞次居回部，安西系远情。"诗注云："墙外西长安街内属回人，衡宇相望，人称回子营，新建礼拜寺正与楼对。"但容妃入宫在宝月楼建成后的一年多，回子营的建立更要晚些。当然，建宝月楼时，谁也没有想到将来会有一位维吾尔族妃子登楼眺望回子营的景色，乾隆为香妃建宝月楼之说，亦不可信。

---

① 《钦定日下旧闻考》卷二十三，《国朝宫室·御制宝月楼记》。

漫谈圆明园

北京西郊海淀镇附近，田野平旷、河渠纵横、树木荫翳。一个半世纪以前，这里矗立着一座宏伟瑰丽的皇家园林，那就是被誉为"万园之园"的圆明园。

圆明园原是清代康熙皇帝于 1709 年（康熙四十八年）赐给皇四子胤禛的花园。后胤禛即位，即雍正帝，此地成为行宫，他经常在此视朝、听政、理事、宴宾、游乐、居住，经过雍正、乾隆、嘉庆、道光、咸丰五个朝代一百五十一年的修葺扩建，形成包括圆明园、长春园、绮春园三个子园、占地五千多亩的大型皇家园林。

圆明园气魄宏大，建构精丽，格局多变。其水面十分开阔，平地造园，凿池引水，堆山植树，在福海及许多湖泊、河流、假山、树丛旁兴建一百数十个景点，宫殿楼台、亭轩桥塔，形式多样，与园中山水泉石、草木花卉交相辉映，创造了一个神仙乐土、壶天胜景。乾隆帝在《圆明园后记》中写道："规模之宏敞，丘壑之幽深，风土草木之清佳，高楼邃室之具备，亦可称观止。实天宝地灵之区，帝王豫游之地，无以逾比。"

一位曾参加修建圆明园工程的外国传教士王致诚在一封信中说："此地各物无论在设计和施工方面都极浑伟和美丽，因为我的眼睛从来不曾看到过任何与它相类似的东西，因此也就令我特别惊讶……中国人在建筑方面表现的千变万化、复杂多端，我唯有钦佩他们的天才宏富……这种园林景观是难以描述的，只有用眼睛去看才能够领略它的真实内容。"①法国伟大作家雨果在听了传教士对圆明园的介绍以后，热情地赞美："在世界的一隅，存在着人类的一大奇迹，这个奇迹就是圆明园。圆明园属于幻想的艺术，一个近乎超人的民族所能幻想到的一切都汇集于圆明园……只要想象出一种无法描述的建筑物，一种如同月宫似的仙境，那就是圆明园……它仿佛在遥远的苍茫暮色中隐约眺见的一件前所未知的惊人杰作，宛如亚洲文明的轮廓崛起在欧洲文明的地平线上。"②

圆明园是清朝繁荣时期创建的杰作。当时，清朝统治稳定，国力强盛，财政富裕，库藏丰足。乾隆时，国库贮银七八千万两，相当于两年全国的财政收入，因此乾隆帝考虑如何将财富散之民间，以裕民生流通。如乾隆三十年（1765）谕令各地大兴土木之工："现在军需已罢，各省多报有收，正府库充盈之际。而朕所念者，库中所存居多，则外间所用者少。即当动拨官帑，俾得流通，而城工借以整齐。"③财力雄厚是进行大规模建设的前提，由于财政富裕，故乾隆帝

---

① 《圆明园纪事书札》。
② 《致巴特雷上尉》。
③ 《清实录》卷七四八。

兴建园林工程不惜工本，不吝耗费，务求工程质量精益求精、坚实美观。而18世纪，中国的生产力和建筑技术发展到了高峰，政府有专管建筑的机构，即工部营缮司和内务府营造司，颁行了《工程做法》《内工则例》等书，总结了一套设计、施工、布局、装饰的经验，技能精熟。一批能工巧匠以精湛的建筑技艺供奉内廷，如历代相传的"样式雷"，其第三代雷声征、第四代雷家玮都是乾隆宫廷中的著名匠师。清朝十分重视工程质量，反对减银省料、草率施工，立下检查工程质量的规章，如有坍塌损坏，承修官员罚银赔修。故工程质量之佳，历朝所未有。宏伟瑰丽的圆明园，正是国家雄厚财力与建筑技术高超的产物，表现了清王朝的盛世辉煌。

圆明园在造园艺术方面推陈出新，师法自然，避免宫廷建筑中呆板程式的凝重风格，追求天然活泼的情趣。它有远处的西山作借景，有丰富的水源、广阔的地形、繁密的花木。据此而剪裁、配置、建构，体现出诗情画意的境界。此园建筑"抛弃整一之常律焉，盖其所营，欲备天然野趣而得幽隐之便，非欲其仍若严整壮丽之皇居也"（王致诚语）。

圆明园中的建筑，根据不同的用途进行设计，荟萃了全国各地的风景和建筑样式。如"鸿慈永祜"是奉祀康熙、雍正神主的地方，故宏大堂皇、庄严肃穆，为传统宫殿建筑，饰以碑亭华表，其规格高于圆明园的正殿。"山高水长"是接待蒙古王公演武角抵、放花观灯的场所，故平衍宽旷，可以驰马射箭，楼宇亦呈一字形排列，便于瞻望观摩。"多稼如云"寓观耕崇农之意，模仿田野村庄，种植稻谷蔬菜，饶有田家风韵。"上下天光"的湖面开阔，长桥修栏，蜿蜒百尺，登高俯瞰，一碧万顷，这是模仿洞庭湖的景色。"西峰秀色"轩爽明敞，面对青山，古松如盈、玉兰吐芳，这是模仿庐山的景色。圆明园内还移植过来许多江南的名园名景，乾隆南巡有许多画家、建筑师护驾随行，摹绘江南的胜景名园，回京后加以仿造。福海周围布置了杭州西湖景色，"断桥残雪""苏堤春晓""雷峰夕照""曲院风荷""柳浪闻莺""南屏晚钟"，连名称也是从杭州搬过来的。还有几个园中之园，安澜园是模仿海宁陈氏的，狮子林是模仿苏州倪氏的，小有天园是模仿杭州汪氏的，如园是模仿南京徐氏的。故王闿运在诗中说："谁道江南风景佳，移天宿地在君怀。"圆明园中的模仿不是简单的重复和抄袭，而是"略师其意，就其天然之势，不舍己所长"[1]。也就是汲取原景的某些优点、特色，因地制宜，加以再创造。

圆明园内还有一群特殊的建筑，即西洋楼。它是中国大规模仿造西洋建筑的最早尝试，由外国传教士郎世宁、蒋友仁、王致诚、艾启蒙等设计，由中国工匠用中国物料建成，包括"谐奇趣""海晏堂""黄花阵""远瀛观""大水法""线法山"等多处景观。整个景观以洛可可式建筑群及喷泉作为主体，形态端庄齐整，呈有规则的几何形构图，表现西方建筑艺术的特色。但局部的布置和装饰又糅合了中国的传统手法，如积石堆山、重檐屋顶、彩色琉璃等，体现了中西建筑

---

① 乾隆：《御制诗文集五集》卷八九，《题致远斋》。

艺术的交流与融合。西洋楼是极具特色也是至今唯一保留残址的建筑群，几乎妇孺皆知，登临凭吊者络绎，但它并非圆明园的主要建筑。它僻处长春园的北隅，面积仅占整个圆明园的百分之二。

圆明园不仅是一座辉煌的宫殿、园林，也是收藏丰富的博物馆。

室内之陈设均为贵重木材制成的桌椅床几，墙壁饰以精美之壁纸，悬挂着历代名人的书法画卷。玉器、瓷瓶、铜炉、漆匣、珐琅、水晶，精品纷呈，所用幔帐垫褥，俱是上等的绣缎织锦，华丽光彩，体现了物产之丰富与人工之灵巧。园中的文源阁是专为庋藏《四库全书》而建的藏书楼，这部多达七万九千多卷、汇集了中华文化精粹的典籍，在乾隆中叶修成，共缮写七部，圆明园所藏称"文源阁本"。园中还贮存着1793年英国马戛尔尼使团访华特赠送的许多礼品，包括天文仪器、地球仪、乐器、车辆、枪炮、船只模型、钟表、毡毯等，其中有"布腊尼大利翁一座，是一假天馆，亦即天象厅。周围约一丈，高一丈五尺，所载日月星辰同地球之象，俱自能行动，效法天地之转运，十分相似……此件系通晓天文生多年用心，推想而成，从古迄今所未有，巧妙独绝"[1]。与假天馆配套的是由英国著名天文学家赫哲耳制作的反射望远镜，这些仪器是精美绝伦的作品，足以表现哥白尼、伽利略、牛顿的天体理论。

圆明园的建筑、景点、用具、藏品均精心建构，独具匠

---

[1] 《梁肯堂奏呈英使原禀贡单》。

心，制作精美，具有极高的历史价值与艺术价值。可惜圆明园存世只有一百五十一年，至 1860 年（清咸丰十年）英法联军攻陷北京，这座举世无双的皇家园林惨遭侵略军的蹂躏。联军入园，大肆抢劫，把园中的珍宝、古玩、金银、书画、瓷器、绸缎劫掠一空。一个参与劫掠的英国书记官写道："十月十七日，联军司令部正式下令可以自由劫掠，于是英法军官与士兵疯狂抢夺，每个人都是腰囊累累，满载而归。这时全园秩序大乱。法国兵驻扎园前，法人手持木棒，遇珍贵可携者则攫而争夺，遇珍贵不可携的如铜器、瓷器、楠木等物则以棒击毁，必至粉碎而后快。"[①]

为了掩盖罪恶的劫掠行为，侵略者竟丧心病狂地想出了一条放火灭迹的毒计。英军司令额尔金说："只有焚毁圆明园一法，最为可行。"10 月 17 日，侵略军下达放火焚园的命令。"焚毁的命令发下后，不久就看见了重重的烟雾，由树木中蜿蜒曲折升腾起来。顷刻工夫，几十处地方都冒出一缕缕的浓烟密雾。万万千千的火舌往外喷发，烟青云里，掩蔽天日。所有庙宇、宫殿、古远建筑，被视为举国神圣庄严之物，其中收藏着历代富有皇家风味和精华的物品，都付之一炬了。以往数百年为人们所爱慕的崇构杰制，不复能触到人类眼帘了。这些建筑都足以表彰往日的技术和风格，独一无二。世上没有什么东西可以和它比拟，你们曾经看见过一次，就永远不能重睹。"[②]

---

① 赫利斯文语，载《文物参考资料》，1953 年第 1 期。
② 格赫：《我们是怎样占领北京的》。

圆明园这座宏伟典丽的皇家园林就这样遭到彻底毁坏，剩下了一片废墟，供人凭吊，令人叹息。圆明园残址所记录下的帝国主义强盗的侵略罪行，是永远洗刷不掉的。

圆明园的过去，内涵丰富，经历曲折，诉说了中国最后一个封建王朝的盛衰兴替和帝国主义的累累罪恶。中华人民共和国成立以来，党和政府十分关心保护圆明园的遗址。专家学者和社会各界人士多次提出了保护、整修和利用的各种方案，并且成立了圆明园学会和基金会，出版了刊物、资料集，讨论了圆明园遗址公园的总体规划草案。人们根据各自的认识、经验，从不同的视角，提出了各种不同的意见。有的同志主张根据财力，逐步修复圆明园的主体部分，以再现其昔日的辉煌。有的同志主张应维持现状，保留残址，显示悲壮的美，让后代子孙永远牢记祖国历史上这段苦难的历史。大家畅所欲言、各抒己见，展开了热烈的争论，正是"仁者见仁，智者见智"。不论修复其主体也好，保留其残址也好，大家都是从保护圆明园、关心文物园林、热爱祖国的心情出发。究竟怎样才能更好地保护和利用圆明园遗址，还需要专家学者和广大公众进一步讨论，集思广益，取得较为接近的共识，以草拟保护和利用遗址的妥善方案，俾付诸实施。

清代文字狱

——文化的苦旅

文字狱是中国封建专制主义统治下的一种特有文化现象。谈起文字狱，人们自然会想到清代文字狱，因为清代文字狱最为残酷、最为荒唐。有清一代，文网之密，文字狱数量之多、规模之大、株连之广、治罪之严酷，都达到了历史上前所未有的程度，可谓血雨腥风、登峰造极。在令人战栗的文化恐怖政策下，文人学子动辄得祸，只好泯灭思想，丢掉气节，或者死抱住八股程式，背诵孔孟程朱的教诲以求科举入仕；或者远离现实，远离敏感的领域，一头栽入训诂、考据的故纸堆中去讨生活。龚自珍著名的诗句"避席畏闻文字狱，著书都为稻粱谋"，便是对这一情形的真实写照。

清代文字狱的泛滥，有其特殊的原因。满人以异族入主中原，这在拥有强烈的汉民族正统感和文化优越感的汉族知识分子看来简直是乾坤颠倒、日月无光。在武装抗清斗争失败后，有些人便借助文学作品来抒发恋明厌清的思想。清朝统治者在用武力夺得了全国统治之后，便把注意力转向思想领域，文字狱逐渐兴起，成为清政府控制思想、打击异己、进行威慑、巩固统治的重要手段。

在清军入关后的第一位皇帝——顺治当政的十八年间，有案可查的文字狱较少，文禁尚宽。原因是汉人，尤其是南方的武装反抗斗争尚此起彼伏。烽烟四起，羽书旁午，军事镇压乃是首要任务，文字之罪尚无暇细究。

康熙初年，在鳌拜等四辅臣佐理政务时期，发生了清代文字狱史上罕见的大狱——庄氏《明史》狱。杀戮惨酷，株连者广，震惊朝野，此后文字案时有发生。康熙皇帝亲政以后，为了笼络汉族名士巨室与他合作，开始大幅调整对汉族知识分子的政策，其中放宽文网之禁便是重要内容之一。虽然康熙亲政后也搞过几起文字狱，特别如戴名世《南山集》案，究治甚广，造成恐怖气氛。但总的说康熙朝文网尚宽，对汉族知识分子的宽和政策一直是主流。

到雍正朝，文字狱增多，有案可查的共有二十多起。以雍正六年吕留良文字案为标志可以分为前后两个阶段。在前一阶段，文字狱主要是统治集团内部权力斗争的副产品，是雍正为打击康熙诸皇子的朋党势力，打击朝廷内部年羹尧、隆科多集团的势力而制造的；在后一阶段，雍正的政治注意力转移到思想领域内潜伏的汉人民族意识上来。

随后的乾隆皇帝，当其即位之初，为了争取人们对新政权的支持、缓和官场中的紧张关系和汉族知识分子的不满情绪，改变了雍正峻急的统治方针，政局宽缓。所以在乾隆秉政后的十年间，几乎没有发生什么文字狱。但到乾隆十六年（1751），文字狱高峰突兀而起。原因是这一年发生了伪造孙嘉淦奏稿案。孙乃当时名噪全国的能犯颜直谏的大臣，有人假借他的名义写了一篇指责乾隆的奏疏，在各地广为传抄。伪稿案使乾隆的思想发生了一百八十度的大转变，他感到有一股不满和反抗的暗潮正在全国涌起，"太平盛世"不太平，之所以弄到这步田地，都是因为实行了宽大之政。他由此得出结论，必须大力强化对思想意识的控制。此后文字狱层出不穷，其频率之高在中国文字狱史上是空前的。乾隆对文字的苛求达到了病态的程度，对清朝统治稍有不满的表示，固然要严加问罪，但有很多案件并非是因为对清朝表示了不满。许多文字作品之所以被扣上"悖逆""意含讥讽""肆行狂吠"等罪名，纯粹是他和他的臣僚们有意罗织、牵强附会、捕风捉影、无中生有的结果。他们甚至连精神病人也不放过，照样依律凌迟、杖毙或者斩决，亲朋好友照样株连、缘坐，其残酷和荒唐的程度，令人震惊。

乾隆朝末期文字狱逐渐减少，乾隆之后直至清末，文字狱可谓寥若晨星。文字狱逐渐减少，甚至在很长一段时期内近于绝迹的最主要原因，是清政府的统治急剧衰落，阶级矛盾、民族矛盾日益激化，清朝统治者已无力也无暇以文字罪人了。伴随着大清王朝的覆灭，可恶而又可耻的清代文字狱史也终于画上了句号。

北洋海军的悲剧

一、从一桩骗局说起

1894年中日甲午战争中，中国和日本的海军在黄海上狠狠地打了一仗，中国这支海军就是北洋海军。下面所讲的就是北洋海军建立、发展和覆灭的故事。

北洋海军至1885年（光绪十一年）成军，经过了艰难困苦的努力，可以追溯至二十四年前阿思本舰队的建立，这是清政府第一次建立海军的尝试，结果是一场骗局，建立起就被解散。

那是在1861年太平天国革命的后期，太平军在长江下游发动了强大攻势，攻破了江南大营①，占领了苏州、常州，包围了上海；大军所至，势如破竹，控制了长江中下游的运输线。由于战略上的需要，清政府需要从外国购买一批兵舰开到长江里来，和太平军作战。清政府委托在华仟职的英国

---

① 建立在太平天国天京城外的清军大营。

人李泰国向英国购买军舰。

李泰国兴高采烈地接受了委托。

李泰国是什么人呢？第二次鸦片战争以后，外国人掌握了管理海关的权力，李泰国就是第一任海关总税务司。他控制着中国的海关，又借购买军舰的机会，意图得到控制中国海军的事权。

清朝政府本来只委托他买船，他却把什么事情都通通给包办了，除买了七艘又小又旧的军舰外，又找了六百个外国水兵，任命了一个名叫阿思本的人当舰队司令，组织了一支完全受自己支配的军队。李泰国肆无忌惮，他把生米煮成了熟饭，强迫清政府购买的这支海军由他本人节制，不归清政府直接管。

1863年，这支舰队开到了中国，真是离奇荒唐。船是外国船，兵是外国兵，司令是外国人，它是中国出钱购买的却不归中国管的舰队。李泰国伪造了一个合同，说是他代表清政府和那位自封的"司令"阿思本订立的。这个合同说些什么呢？

其中一条说：阿思本只接受由李泰国传达的清朝皇帝的命令，由其他人传达的命令一概不接受。

又一条说：李泰国认为皇帝的命令不合理时，可以拒绝传达。

又一条说：中国所有的海军，归阿思本一人指挥。

又一条说：中国海军将挂用"欧洲性格"的旗帜。

好了，不必多引证了。外国的船，外国的士兵，外国的司令，外国的旗，李泰国把中国海军权力完全抓到自己手里。这支中国海军可以不听任何中国人的命令，甚至连皇帝的命令也可以拒绝，这真是一支奇怪的"中国海军"！习惯上，它称为"阿思本舰队"。

李泰国欺骗了清政府，不仅遭到清政府总理外国事务衙门强烈的反对，也触犯了其他很多侵略者的利益。譬如美国看到英国人抢去这样大的权力，非常反感。美国公使蒲安臣在一个秘密报告中说："阿思本做了中国海军统帅，我们的工作就很困难了，因为我们美国人对于海关的规则，从来是不遵守的。这件事，中国政府就是不反对，我为着美国的利益，也不能答应的。"其他很多国家的态度也跟美国一样。

感到恼火的还有曾国藩、李鸿章等地方实力派。他们当时正在长江下游和太平军作战，知道船已经买回，自然满心高兴，指望用这些船来扩充自己的兵力，对付太平军。谁知如今却从半路杀出个程咬金，不但军舰不归自己管，而且还有一个外国司令和一群外国兵要闯到长江下游来横行。所以他们也竭力反对，对清朝中央政府说："当初只是购买船只，怎么又跑来一个外国司令呢？我们不能让他开进长江里来，否则，就要影响我们的士气，跟太平军的仗也打不下去了。"

清朝政府不能接受这样的一支舰队，但木已成舟，怎么办呢？后来还是曾国藩提出了一个"两全"的办法，他说："像中国这样的大国，区区一百多万两银子的买船经费，就像一根毫毛一样，根本不在乎的，不如解散舰队，把船只送给外国算了。"清朝政府无可奈何，只好参照曾国藩的建议，解散舰队。可是李泰国不答应，后来费了许多唇舌，好说歹说，答应给他一笔很大的遣散费。李泰国看到各方面反对，知道事情弄不成，也就同意遣散舰队。李泰国企图控制中国海军的野心虽然没有实现，但借此敲诈到一笔遣散费，大大地发了一笔横财。

后来，这批舰只仍驶向英国出售，售船所得的钱就作为遣散费。不过据李泰国说，所得的钱还不够遣散之用，清朝政府只好掏腰包补给。共计购船经费是一百三十万两银子，另补给经费三十八万两。那个自封"司令"的阿思本也没有白跑一趟，清政府还送给他犒赏银一万两。

清朝政府建立的第一支海军，就这样胎死腹中，受骗上当，落得船财两空。

二、造船和买船

清朝政府建立海军的最早企图，在李泰国的骗局中幻灭，但是它并没有放弃建立海军的愿望，因为中国迫切需要一支近代化的海军来对抗外国列强对中国的侵略，事关国家的兴亡。所以，此后清朝政府仍然非常热衷于制造船只和购买船只。

1866年，一个专门制造船舶的大规模工厂在福州马尾中岐山下江边的民田上建立起来，这就是著名的福州船政局。

福州船政局由闽浙总督左宗棠发起创办，后来由南洋大臣沈葆桢主持，被请来主持造船工程的是两个法国人，一个名叫日意格，是一个热心于造船的法国海军军官；一个名叫德克碑，也是一个海军军官，两人都曾在左宗棠麾下率领"常捷军"与太平军作战。日意格忠实于清政府，对造船工程很认真，秉公办事，跟着沈葆桢平地建厂，奔走于海内外，说服法国皇帝和国会支持建厂，招募法国工程技术人员，购置机器，管理留学生，还学会了中国话，能看文言的奏折信函公文，成为沈葆桢得力的助手。福州船政局不仅是造船厂，也是早期的海军学校，有前学堂和后学堂，学生学习造船、航海和海战，学两门外语——法语和英语，曾派出很多学生到法国和英国留学，培养出很多中国最早的海军和造船人才。

福州船政局于同治五年建厂，到了同治十三年，在经费短缺、经验不足的情况下，以每年两艘的速度，已经建造出十五艘军舰，打下了中国造船工业和海军舰队的基础，这支"南洋海军"是第二支中国海军。随着欧洲造船技术和兵器工业的快速发展，清朝政府逐渐意识到，以前制造的木质炮舰已经落后，于是改变了方针，停造木质兵舰，改为建造铁甲舰。福州船政局积累了经验，逐步掌握了造船技术，不断更新改进；后来，自己建造出中国第一艘轻型钢甲巡洋舰"平远"，纳入北洋海军序列，参加了黄海海战，重创和追击日舰。

由于国家财政经费短缺，福州船政局几度濒临关门停产。沈葆桢艰辛经营，奔走疾呼，极力抗辩，才保全了这片艰苦奋斗创下的国家造船基业。

同治十三年，日本萨摩藩西乡隆盛侵略台湾，清政府开始真正重视加强海上防卫，要建立强大的海军。皇帝发布诏书，在全国发动"海防大筹议"，商议加强海防的国策，要"自强有实才而外侮潜消"。

当时在西北的左宗棠，正在对付对新疆虎视眈眈、挑动西北少数民族同清朝作战的俄国，对俄战争迫在眉睫，一触即发，正需要用于战备的军饷，于是引起"塞防海防"之争。西北边疆和东南海疆的军事防御都需要用钱，怎么办？最后，清政府做出决定：两边都重要。每年拨四百万两银子作为海防经费专款，一从海关税收中拨出四成，二在沿海七个省份的厘金中抽取。从北至南在沿海兴建炮台壁垒等海防设施，购置军舰，建设海军。

北洋大臣[①]李鸿章负责主持购买军舰、建立海军的事务。光绪元年以来，全国出现持续几年的大灾荒，全国都要赈灾救助，洋务运动期间需要建设工厂，开办企业，开发矿山，兴修铁路，架设电报线，开办学校，需要进行很多大型的经济建设项目，国家财政非常拮据，各省各地都缺钱，清政府所计划的每年四百万两海防专款根本无法凑齐，南洋大臣[②]沈葆桢顾全大局，把南洋的拨款让给了北洋，使中国海军能够快些成军。到了光绪七年以前，李鸿章手里只积攒下一百四十万两白银，仍无法建起大型海军铁甲舰队。

当时的中国，列强环伺：俄国在西北觊觎新疆；英国在云南派出武装"勘探队"挑动边事，激发"滇案"，借此派

---

① 北洋通商大臣的简称，办理天津、登州、牛庄等三口的通商交涉事务，后又总揽外交、海防等各项事权，由直隶总督兼任。

② 南洋通商大臣的简称，地位和北洋大臣相当，职权也大体相同。辖东南沿海和长江沿岸各通商口岸，由两江总督兼任。

十三艘军舰开到烟台，威逼签订《烟台条约》，进入内地长江通商，争夺市场；法国侵占了越南南方，正准备占领北方；日本侵占台湾，吞灭琉球国，准备侵占朝鲜。它们或是通过战争手段，或是通过"万国公约"的法理名义，正在消灭中国周边历史上的藩属国家，意图在亚洲建立和扩大势力范围，进而全面进入中国。清政府在国家危亡之际，认识到必须建立起海军，但是中国社会刚刚从农耕社会起步，通过洋务运动向近现代社会迈进，没有时间立即转变为工业社会，在金融等方面也没有形成现代化体系，无法聚拢社会财力，国家财政极为匮乏，无法迅速建成海军。

海关总税司赫德根据这种情况，建议购买一种新型的英国铁炮船。这种炮船身轻炮强，称为"蚊船"，适合当作近海的活动炮台，防御海岸海口，但不适合远洋海战。李鸿章虽然认为不能单纯防御，但为了应急，此方法不失为权宜之计，于是先后由北洋和山东、广东向英国订购蚊船十三艘。

这些蚊船在南北洋时分时合，应事调用，与其他舰船混合使用调配，或可看作北洋海军成军之前的过渡时期形成的第三支中国海上武装。它们虽然没有编成一支单一的舰队，却给正在发展的中国海军装上了铁甲，增强了实力，在广袤的中国海域执勤训练、护航游弋，在台湾和朝鲜事务中起到了很大作用。

北洋海军的建立，从光绪七年开始落实，那时李鸿章开始向英国购买轻型铁甲巡洋舰超勇和扬威号，于光绪八年在德国定制定远和镇远号，以后又从英国订购致远和靖远号，从德国订购济远和经远号。这些铁甲舰被命名为"远"，与以前多以"镇"字命名的蚊船相比，可以看出其长远用意不在单纯的防御，而是意在"制敌于远"的远洋威慑。日本吞灭琉球国，再次给中国敲响了警钟，又引发起"海防大筹议"，唤醒了中国的远洋战略意识。

光绪十年中法战争，由于不战不和，边打边谈，暧昧复杂多变的战争局势，使南洋舰队无所适从，法国海军先发制人，在闽江出海口趁潮汐转换进行突然袭击，消灭了福州船政局建立的第二支中国海军"南洋海军"。

南洋海军毁于一旦，震动全国，中法在越南和台湾的战事同时激烈展开，再一次引起"海防大筹议"。北洋海军加快了建设，并加紧建造旅顺口军港，袁世凯的叔父袁保龄就是为了赶建工程，累死在工地上的。北洋海军终于在光绪十一年成军，成为中国第四支海军。经过三十年的曲折和奋斗，建成清代最强大的一支海军。

三、北洋海军的建成

经过三十年的造船和买船，清朝政府终于建立起一支北洋舰队。这三十年中，制造和购买的大小军舰共一百余艘。1884 年中法战争中被击沉了一批。此外，触礁沉没、陈旧报废或不宜作战而改成教练船、运输船、商用船的很多，所以后来编入北洋舰队序列的正式军舰只有十六艘。南洋方面（指长江以南的沿海省份）也保留着少数舰只，但又小又旧，不能成军作战。清廷建立南、北、中三支海军的规划因财穷尚未完成。

北洋舰队的精锐战舰只有七艘，即定远、镇远两艘铁甲舰（主力舰），致远、靖远、经远、来远和济远五艘穿甲快舰（巡洋舰）。这七艘军舰是花了将近八百万两银子从德国和英国买来的。此外还有平远、超勇、扬威等轻型巡洋舰，龙骧、虎威、飞霆、策电、镇东、镇西、镇南、镇北、镇中、镇边等蚊子炮船（炮舰），以及许多教练船、运输船和鱼雷艇。

清政府除了购买军舰以外，又动员大量人力、物力，建设旅顺口和威海卫海军军港，挖浚港澳，建造船坞，修筑星罗棋布的海岸炮台，驻屯大批军队，于是北洋海军的规模大体具备。1885年，又在京城设立了海军衙门，醇亲王奕譞（光绪皇帝的生身父）担任总理大臣，奕劻和李鸿章担任会办，善庆和曾纪泽担任帮办，而实际负责海军工作的是李鸿章。

近代化海军在中国前所未有，缺乏专门人才是很大的问题。李鸿章派去统率北洋舰队的海军提督①丁汝昌是个旧式的陆军军官，不懂得海军，所以聘用了许多外国教习和军官。长期担任水师总查②的是英国人琅威理，琅威理治军严明，教习有方，很快提高了北洋海军的军事素质，但由于丁汝昌不在的时候，提督旗降落，琅威里坚持要升起自己的旗子，来代表北洋海军，因此激起一些军官的不满，海军中展开了一个驱逐琅威理的运动，李鸿章不得不把他辞退。此外德国

---

① 北洋海军的指挥官。

② 相当于总顾问、总教习一类的官。

人式百龄、汉纳根和英国人马格禄也都取得过海军提督或副提督的官衔。这些人对海军的建设都做出过贡献。

海军里管带（即舰长）以下的中下级官佐，主要由福州船政局留学外国的学生或中国学堂的学生担任，如我国第一批官费留学生刘步蟾、林泰曾、林永升等分别担任各舰的管带；著名的翻译家严复也是同期的留学生，担任天津水师学堂的总教习；著名的思想家、语言学家马建中，是法国留学生，负责天津水师营务处①的工作；还有黄海大战中壮烈牺牲的致远舰管带邓世昌，也是福州船政学堂最早的优秀学生。国家改革进步的时代，正是一个人才辈出的时代。

这些学生学到了西方的科学知识和驾驶技术，是北洋海军中不可缺少的专家。他们既有传统教育的根基，有一腔爱国热诚，也有新知识、新思想。其中有些人如邓世昌、林永升等，在后来激烈的海战中勇往直前，英勇地献出了自己的生命。他们是近代反侵略斗争中的民族英雄。当然，这些学生中也有一部分不良分子，整日花天酒地、聚赌宿娼，到了战争临头，便贪生怕死，当了可耻的逃兵。

北洋海军里的士兵，都是从沿海劳动人民当中招募来的。他们勇敢、耐劳，勤于操练，严守纪律。一个外国人描写他看到的情形说："水手们面部总带着愉快的笑容，他们的动作活泼机敏，用种种方式把炮座装饰起来，对炮座、船只流露出亲切的感情。从战争道德来说，舱面的士兵和机械室里

---

① 负责军团营中行政事务的机构。

的职工都是最优秀的。"的确，北洋海军的广大士兵具有高度的爱国热情和英勇顽强的战斗精神，在后来的中日海战中给日本侵略者以巨大的打击。他们是甲午战争中坚决的抵抗派，是保卫民族利益的一支主要力量。黄海大战之前，有一位海军士兵的弟弟正好在定远舰上探亲，没来得及下船，舰队就紧急护送陆军奔赴朝鲜。黄海大战中，这个少年参加作战，表现极为英勇，体现了中华民族的气节。战斗中，还有很多外国教习军官和中国官兵并肩作战，英勇战斗，有的战死，有的受伤，其中比较著名的有定远舰上的美国教习马吉芬，他留下了描写战斗过程的记录。

北洋海军成军之后，再没有增添一艘军舰，停止发展。这部分是因为财政原因，因为维持一支大型的舰队花费很多，清政府的财政收入本来就难以为继，再加上慈禧太后不顾国家大局，大兴土木，染指海军经费，于是购船完全停止下来，北洋海军不能更新加强。

四、日本"不宣而战"

当北洋海军建立的时候，远东形势正逐渐紧张起来，矛盾的焦点集结在朝鲜问题上。英国、美国、俄国、日本等势力一个跟着一个打进了朝鲜，特别是刚刚兴起的日本，抱着独霸东亚的野心，企图并吞朝鲜，然后再以朝鲜为跳板，侵入中国的东北。它屡次在朝鲜策划政变，发动武装挑衅。

中国和朝鲜都是被侵略、被蹂躏的半殖民地。两国人民在历史上有悠久的经济、文化的交流，在反对帝国主义侵略的斗争中更进一步结成了兄弟般的友谊。日本侵略者在朝鲜发动的几次颠覆政变，在朝鲜人民的努力和中国的支援下都平息下去了。日本把中国看作自己侵略道路上的绊脚石，要并吞朝鲜，一定要先打败中国。日本侵略者抱着这样的信念积极地准备战争，欧洲列强袖手观望，以便从中得利。远东的天空中密布着重重阴云，一场暴风雨即将降临。

1894年6月，清政府应朝鲜统治者的请求，派遣陆军两千多人开赴朝鲜，帮助镇压朝鲜东学党起义。当中国军队开到朝鲜，东学党起义已被镇压下去。日本侵略者抓住这个机会，认为发动侵略战争的时机已到，它借口保护使馆和侨民，派大批军队侵占了汉城，威逼朝鲜政府订立亡国条约。中国军队被隔绝在牙山一带，孤立无援，有被歼灭的危险。到了这样的地步，李鸿章起初想依靠英国、俄国出面调解，争取准备的时间。7月下旬，李鸿章派出两千名多援军，分乘商船，开赴朝鲜，并派海军济远、广乙等舰护航。

哪里知道，天津的电报局里满布着日本间谍，日本方面立即得到了中国增援和护航的详细情报。7月25日，济远和广乙从牙山回驶，行至丰岛海面，日舰吉野、浪速、秋津洲预伏在此，进行袭击。当时中日两国并没有交战，日本海军用不宣而战的卑鄙手段，首先发炮攻击，中国军舰也进行还击。

广乙是广东的军舰，因参加海军巡阅，来到北方，没有来得及回广东，就和广甲、广丙等编入北洋舰队。这只舰船身小、战斗力弱，开战后不久就受了重伤，船身倾斜，管带林国祥可耻地逃离战场，后来驶至朝鲜海岸浅滩，将船焚毁。

济远舰上的士兵和某些将领作战很英勇，他们和优势的日舰猛烈搏斗，大副沈寿昌等数十人中炮牺牲。管带方柏谦下令撤退。当时正好有商船高升号、运船操江号载运一千多名陆军和各种器材驶来，济远本有护航的责任，却丢下高升号、操江号不管。日舰吉野穷追不舍，方柏谦挂起白旗，在白旗下面又挂了日本的海军旗。济远舰上的士兵十分气愤，水手王国成、李仕茂等违反方柏谦的命令，发尾炮轰击，连发四炮，三炮命中，其中有一炮击中吉野的要害，吉野受伤，船头立即低俯，不敢再追击。这个事实说明了中国士兵的英勇机智和爱国热忱，可惜他们在怯懦的将领的指挥下，不能够充分发挥打击敌人的力量。

高升号和操江号两船失去保护，结果，满载器械的操江号被日舰俘去。日舰又强迫高升号投降，高升号上的中国士兵和军官，宁肯葬身波涛之中，坚决拒绝投降。日舰发炮轰击，中国军队以步枪还击。最后，高升号被日舰发出的鱼雷击沉，船上一千多名英勇坚决的士兵，壮烈地沉没在大海中。

当济远、广乙出发护航时，北洋舰队本来准备全部出动应援，众舰已升火待发，但清廷认为中日两国尚未宣战，日舰一定不会先开火，电令北洋舰队不必出动。若非如此，北洋舰队正好可以赶上丰岛海战，三艘日舰必将遭到歼灭性的打击。日本不宣而战，突然袭击，取得可耻的胜利。

丰岛海战中，中国军舰一逃一焚，陆军千余人牺牲，而中国广大士兵群众表现了英勇机智和临危不屈的爱国主义精神，值得我们赞颂和敬佩。

丰岛海战以后，中日两国的陆军在朝鲜进行了激烈的战斗。北洋海军没能拦截日军在朝鲜登陆。日本侵略者在朝鲜战场上取得优势，攻陷了中国军队设防的平壤，把战火推到鸭绿江边。

五、黄海大战

1894 年 9 月中旬，中日陆军在平壤激战，中国派援军从海道到鸭绿江边的大东沟，北洋舰队出去护航。护航的任务完成以后，北洋舰队准备于 9 月 17 日返航旅顺口。这时候，日本舰队挂着美国的旗子，全队开到大东沟外，抱着"聚歼清舰于黄海中"的狂妄计划，逼我方进行决战。丁汝昌等发现日舰近，遂列阵应战，一场悲壮激烈的海战开始了。

大东沟外，中国军舰共有十四艘，其中四艘小弱的军舰，正在朝鲜海岸保护陆续登陆的陆军，实际投入战斗的只有十艘，另有鱼雷艇四艘。日舰共有十二艘，全部投入战斗。从力量对比来说，中国军舰十艘，共三万一千吨，日本军舰十二艘，共三万八千吨，日舰在数量上略占优势；更重要的是，中国军舰陈旧，主要战舰定远和镇远的舰龄已达十二年，日本军舰大多是在甲午战争前不久下水的，式样很新，动作便捷。从航速方面看，日本最快的吉野，每小时可达二十二海里，其他船只大多是每小时十九海里，中国舰只的速度，每小时只有十四五海里；而且日舰装备的速射炮很多，进攻的速度快、火力强。中国军舰的优点是定远、镇远二舰的炮较大、装甲较厚。总体来说，日舰在数量和质量上都占着优势。

两支舰队相遇。日舰以吉野、高千穗、秋津洲、浪速等四艘精锐的战舰为前锋，旗舰松岛率领千代田、严岛、桥立、比睿、扶桑等舰组成本队，排成鱼贯纵列式依次衔尾前进，最弱小的西京丸、赤城掩蔽在本队的左舷侧。舰队司令伊东祐亨在松岛舰上指挥作战，海军军令部长桦山资纪乘坐西京丸观战。中国军舰排成雁行横列式迎战，定远、镇远居中，定远的左面是靖远、致远、广甲、济远，镇远的右面是来远、经远、超勇、扬威。海军提督丁汝昌乘坐旗舰定远督战。

日本舰队的阵式，以四艘快速舰作为进攻主力，并且始终以舷侧炮应战，充分利用了快速舰的机动灵活性和一舷齐射的速射炮威力，但是它殿后的几艘弱舰没有强舰掩护，易受攻击，这是它的弱点。中国舰队是遭到突然袭击而仓促整队的。它排成雁行横列式，是为了使定远、镇远两巨舰突出在中央的前方，以掩护整个舰队，同时又使全部战舰可以迅速地接近敌舰，以便发挥全队的炮火威力。但是这种横列阵式只能利用舰首炮在较狭窄的扇面范围内进行射击，不能充分发挥全舰的火力；而且它把速度不同的船只，错综混合地编在一起，大大限制了其中某些快速舰（靖远和致远）的运动速度，削弱了主动进攻的能力，以致整个舰队始终在不利的防御地位。

9 月 17 日中午十二时五十分，炮战开始。日方吉野等四艘先锋舰以两倍于我舰的速度，横越我队形前面，绕攻我右翼的超勇、扬威两弱舰，旗舰松岛率本队继进。一时炮声大作，黄海的海面上，波涛汹涌，烟雾弥漫。我旗舰定远的桅楼被敌弹轰塌，丁汝昌等坠楼受伤，我舰队失去号令，不能适应战斗形势而改变队形。不久，超勇、扬威两舰中炮起火，超勇舰首先倾覆。但日本舰队殿后的比睿、扶桑、西京丸、赤城四艘弱舰速度迟缓，跟不上本队各舰，被定远、镇远等拦腰截断，陷入我方火力网中。我炮猛烈轰击，敌舰升起熊熊大火，负伤惨重。第一个回合的战斗，双方都集中火力，攻击对方的弱舰，互有杀伤。从战果上说，彼此旗鼓相当，未分胜负。

这里，日本先锋四舰，见殿后弱舰危急，就向左回旋，返回援救，日舰本队也越过中国舰队的右翼，向右回旋，形成钳形包围圈。中国方面因旗舰定远的桅楼已坍塌，无法传送号令，诸舰各自为战，队形紊乱，陷入包围圈中。

但是，大部分中国军舰都沉着应战，发挥了勇敢顽强的战斗作风。无论日本方面或参与战斗的外国顾问都承认中国的水兵"炮术极佳""可称善战"。他们瞄准敌舰，奋勇射击，正是弹无虚发，个个命中。奇怪的是，日本军舰好像使用了什么魔法，炮弹打中了，竟不能爆炸。原来，外国军火商和中国军需官狼狈为奸，把装满泥沙的假炮弹冒充真炮弹，使海军将士在这次激战中大吃苦头。

敌舰的速射炮迅速地吞吐着火舌，密集的弹雨倾泻在我方战舰上，优势已被敌方掌握。勇往直前的致远舰，中弹最多，全船大火，像一条负了伤的火龙。管带邓世昌见敌势猖獗，愤不欲生，奋勇地鼓轮，直向吉野撞去，准备和吉野同归于尽，以挽救整个战局，不幸被吉野所放的鱼雷击中，顿时倾覆，邓世昌和全船官兵壮烈牺牲。

最可耻的是济远管带方柏谦和广甲管带吴敬荣，他们看到致远舰沉没，恐怕敌舰转过大炮轰击自己，慌忙转舵逃跑，一口气逃回了旅顺口。仓促之间，济远舰竟撞着了已负重伤、飘浮在海面上的扬威舰的舵叶，扬威舰被撞沉海底。广甲舰脱离战斗后，恐怕敌舰追赶，靠着海岸浅滩处迂回行驶，不料中途搁浅，吴敬荣弃船登陆，狼狈逃生。几天以后，广甲被日舰发现击沉。

战斗愈来愈恶化，敌舰把火力集中到经远舰上，经远舰管带林永升浴血抗击，中弹阵亡，船也被焚沉没。中国的十艘军舰，四沉两逃，还剩下四艘在坚持战斗。

但是中国的海军将士们并没有气馁，他们在邓世昌、林永升等英勇战斗精神的鼓舞下，奋力作战，越战越勇，使日本方面付出了惨重的代价，赤城、比睿和西京丸已脱队伍，暂时不知去向。战斗结束后，日舰才发现它们瘫痪在远处海面上，其中西京丸还几乎被我舰生俘。吉野和扶桑都受重伤，死亡枕藉，烈火熊熊，船面上被轰得荡然无存。特别是旗舰松岛，为我舰火力所萃，中弹数百处，已像一具仅存躯壳的僵尸，完全失去了指挥和作战的能力，靠着其他舰船的扶持，还没有立即沉入海底，敌舰半数已负重伤。

这里，红日已经西斜，万顷碧波上笼罩着浓密的烟雾，敌方先锋四舰仍在环攻我定远、镇远。这两艘铁甲舰紧靠在一起，像两个巨人，英勇地屹立在枪林弹雨中。战斗已进入最后阶段，双方的大炮仍在轰隆隆地怒吼，靖远见定远桅楼坍折，不能号令指挥，就主动升旗集队，大东沟内的平远和广丙也出来集合。时间已到五时三十分，日舰伤亡惨重，精疲力竭，不能再战。旗舰松岛已完全瘫痪，就由桥立舰代行升旗收兵。气壮山河的一场大战结束了。日舰在苍茫暮色中向西南方向遁逃。

这次海战进行了四个半小时，中国失去五舰，尤其是致远、经远的沉没，损失是很大的。日方受重伤的有六舰，其中西京丸已近粉身碎骨，比睿、赤城"如罹腰斩"，这三艘战舰，勉强被拖回日本，不久西京丸和赤城即沉没。旗舰松岛，受伤太重，已无法修理，此后即退出战舰序列。所以我方虽未获胜，而日方也没有占着很大便宜。

这次海战，中国方面的条件是很不利的。第一，北洋海军在八年之内没有购置新舰，所以我舰在数量上和质量上均居劣势，而日本海军主力是后来购置的新型军舰，航速快，炮速快，机动性强。双方炮速比为六比一，即我军发一弹，敌军发六弹。第二，日方发动突然袭击时，已排列成主动的进攻队形，我舰被迫应战，仓促整队，处于被动地位。第三，炮战开始，定远桅楼被轰折，不能号令全军，我舰失去总指挥，处于各自为战的状态。第四，方柏谦、吴敬荣临阵脱逃，而且撞沉扬威舰，冲乱了阵形，我方战斗力大为削弱。这些都是对我方极不利的条件。但是我方士兵忠勇血战、斗志昂扬，不因稍挫而气馁，给来犯的敌舰以迎头痛击。定远、镇远两舰，各中弹数百发，但铁甲坚厚，打不沉，艰苦地支撑到最后，终于击退了日舰，粉碎了敌人"聚歼清舰于黄海中"的狂妄计划。

黄海大战中，中国海军的英勇战斗事迹将长存史册，他们的爱国主义精神将永垂不朽！

黄海大战，中日双方均受重创，但日本海军修复功能优于中国海军，北洋海军还在旅顺口修理的时候，日本舰队已能逐渐恢复，重回海上。这对后来的战事，起到了重要的作用。

六、旅顺口和威海卫的陷落

黄海大战的同时，平壤也发生了激战，陆路战事的情况，比海战要糟糕得多。日军在平壤外围山上用大炮轰击城中，清军统帅叶志超、卫汝贵在战斗中突然下令逃跑，左宝贵英勇抗击日军，中炮阵亡，平壤失守，战火很快蔓延到中国领土上。10月下旬，日本侵略军分两路侵入中国，一路从朝鲜跨越鸭绿江，攻占我国东北边境上的九连城、凤凰城；另一路由海道至辽东半岛东侧的花园口登陆，从背后袭击旅顺口海军要塞。战斗进入了极艰苦的阶段。

旅顺口和威海卫是北洋海军的两个基地。这两个军港夹海相对，控制着渤海的门户。旅顺口背山面水，形势险要，李鸿章花费了十多年时间和几千万两银子，在这里建筑了新式的大船坞、十八座海岸炮台，还有一些陆路炮台，装备着数百门最新式的德国克虏伯大炮，并且还贮存着无数军械、器材和粮食，驻防军队有两万人。按照地势、兵力、装备来说，大可和日本侵略军进行一场有声有色的决战。但是由于许多将领不战而逃，一切有利条件都没有发挥作用。这个异常坚固的海军要塞只经过短促的战斗就完全崩溃了。

日军登陆以前的六天，受到重创的北洋舰队离开旅顺口，驶往威海卫修理。10月24日，日军开始在旅顺口的后路花园口登陆，全军三万人和大批军火、辎重，用浮码头陆续运送了十二天，才全部登岸。

日军的进攻开始了。总兵①徐邦道主张在旅顺口的后路设防抵抗，他率领两千多士兵，从已经无人管理的仓库里拖出四门大炮，开到旅顺口的后路。日本侵略军以为旅顺口的守军已经逃光了，大摇大摆地闯进来，冷不防被徐邦道用大炮轰击一阵，死伤遍地，狼狈逃窜。徐邦道率领两千英勇儿郎一直追杀到金州②西南的双台沟。

但是徐邦道的军队很少，而且没有帐篷、粮食、锅具。旅顺口的官僚、将军逃得一干二净，没有人给这支出力抗日的军队办后勤供应。他们打了一整天仗，已经精疲力竭，还得退回旅顺口去吃饭。几天以后，日军大队集中了一百多门大炮猛攻旅顺口，徐邦道军战败。11月21日，日军侵占旅顺口，这个经营了十多年的海防要塞同仓库里的大批枪炮、器材、粮食全都成了日本侵略军的战利品。

① 镇守一方的统兵官。
② 今辽宁金县，在旅顺东北。

旅顺口陷落以后，日本侵略者立即策划进攻另一个海军要塞威海卫。威海卫突出在山东半岛上，南北两岸渐伸入海，环抱成半圆形，港口横列刘公岛和日岛。这里有海军提督的衙门和各种海防设施，威海卫北岸有炮台九座，南岸有炮台三座，刘公岛和日岛上有炮台五座，共安装大炮一百六十多门，确是个形势险要、设防森严的优良军港。日本侵略者不惜一切代价，要夺取这个地方，以便完全消灭停泊在这里的北洋舰队。

日本进攻威海卫的办法跟进攻旅顺口一样，绕过要塞炮台的正面，从后路登陆，发动进攻。

1895 年 1 月 20 日，日军在威海卫东侧荣成县的龙须岛登陆。这里是个很重要的地方，但驻防的清兵只有四百人。日军出动了二十五艘战舰和二万人，一拥而上，清军抵抗不住，日本侵略军纷纷爬上了山东半岛，在威海卫的后方点燃了战火。

这时，北洋舰队一动不动地株守在威海卫的军港里，眼睁睁地坐视敌人从容登陆，抄袭自己的后路，束手待毙。

日军登陆以后，立即抢占荣成，并分兵两路，进扑威海卫。山东巡抚李秉衡事前没有周密设防，临时调集一些军队堵御，战斗几昼夜，失败了。日本侵略军推进到威海卫南岸炮台的后路。

接着，日军开始进攻威海卫。威海卫南岸炮台的主将刘超佩假称腿部受伤，坐小轮船逃跑了。士兵们自发地起来抵抗，北洋舰队也在军港中发炮支援，给敌军以重大杀伤，日军左翼队司令官大寺少将也被炮火击毙。战斗两昼夜，中国守军既失指挥，又无援军，南岸炮台遂告失守。

战斗前夕，丁汝昌恐怕炮台大炮被日军夺去后，用来俯击军港中的北洋舰队，所以预先拆卸下大炮的机件。但是炮台守将坚决反对拆卸大炮，到李鸿章那里告状，李鸿章电令丁汝昌把拆卸下来的大炮机件都送回去。不几天，南岸炮台就失守了，这些大炮都被日军俘获。这时定远舰上有一个勇敢机智的炮手李某，在炮台失守前夕，上岸用大量炸药，炸毁了一座炮台，减轻了对港内军舰的威胁，可惜的是另外两座威力强大、机件完整的炮台，仍然落入日军的手中。

南岸炮台失守以后，北岸炮台的将领戴宗骞奋力抗击，反复争夺，战败后愤然自尽。

南北两岸炮台陷落以后，北洋舰队被困在刘公岛边，前有大批日舰的封锁堵截，后有陆路炮台的猛烈轰击，舰队像釜底之鱼，陷入了绝境。

七、北洋海军的覆灭

强烈的北风在奋力呼啸，威海卫的群山上覆盖着皑皑白雪，日本侵略军居高临下，用刚刚俘获来的海岸大炮，连续向军港射击，海水被掀起一根根直升百丈的水柱，隆隆不绝的炮声震得山鸣谷应。

北洋舰队在进行最后的抵抗，军舰上、刘公岛上以及日岛上的大炮一齐怒吼，显示了中国军队抵抗到底、宁死不屈的决心。一个曾经目睹这次炮战的外国顾问，对当时日岛炮台上的情形，有这样一段描写：

> 从战争开始到停止，日岛当着南岸三炮台的炮火；地阱炮升起来后，更成了那三炮台的标的。这些炮并没有附着镜子，所以升炮的人一定要到炮台上面去，结果这人立受对方炮击，这是很危险的职任；可是那些年轻的水兵仍旧坚守着这些炮，奋勇发放。一次，三个水兵守着一个炮，冒着凶猛的轰击。汤玛斯（炮台上的外国顾问）叫他们放弃这炮，他们都反对。其中有一个因炮弹爆发，颈上、腿上和臂上三处受了伤，可是一等伤处裹好，他仍旧坚决地回到他的职守，只手助战。

由于军港的东口靠近威力强大的南岸炮台，中国军舰不能在这里驻足，开到西口避炮。日本的鱼雷艇在炮火掩护下拆除了东口的水雷和障碍物，于夜间进港偷袭。2月4日清晨，日本鱼雷艇两艘，趁着天黑，直扑定远舰，定远发炮迎击，将两艘鱼雷艇击沉；但定远也被水雷击中，受了重伤，后来我方自行将定远炸沉。

当时丁汝昌曾经提出突围的主张。突围当然会遭到重大损失，甚至可能全军覆没，但以北洋舰队尚保持的实力来说，突围一定能给敌舰相当的杀伤，比起困在港内挨打要强出无数倍。但是这个主张遭到外国顾问和怕死的官吏们的坚决反对，没有实现。

　　时间一天天过去了，舰队日夜处在大炮轰击和鱼雷偷袭的威胁中。2月6日，来远、威远和宝筏三舰被偷袭的鱼雷艇击沉。2月9日，靖远舰又中炮沉没。丁汝昌为了回击敌人的偷袭，命令左一鱼雷艇管带王平率鱼雷艇十三艘，袭击敌舰。但卑鄙的王平胆小怕死，当双方舰只在东口炮战时，他不但不执行伺机袭击敌舰的命令，反而率领全部鱼雷艇从西口逃跑。这一群可耻的逃兵不久即被日舰追及，连船带人全都被敌人俘获。

　　敌人的包围一天天紧缩，舰只日益损耗，弹药粮食也将用尽。丁汝昌等人天天盼望陆上援军从日军手里夺回南北岸炮台。可是那些将军早已逃得无影无踪，山东巡抚李秉衡空嚷一阵"反攻""增援"，却没有派出一个兵来，自己躲在数百里外的莱州行辕里围炉赏雪，置海军全体将士于死地。

　　2月11日，丁汝昌得密信，知外援无望，势难久守，就召集会议，命令冒死突围。但是副提督英国人马格禄和美国顾问浩威、德国顾问瑞乃尔、英国顾问泰莱等都反对，他们和一些官吏、将领如营务处的牛昶炳等勾结起来，拒绝突围，还主张献出军舰、炮台，向日本投降。丁汝昌下令炸沉镇远舰，他们恐怕毁坏了乞降的礼物，日本人会生气，又不执行命令。他们甚至收买一些流氓兵痞，持刀威胁丁汝昌，迫他赶快投降。丁汝昌在投降派的胁迫下，不能执行统帅的权力，于2月12日夜间服毒殉国，和丁汝昌同时自杀的还有总兵刘步蟾（定远舰管带）、张文宣（刘公岛陆军统领）、杨用霖（镇远舰代理管带）等。

丁汝昌是北洋海军的统帅，他出身于淮系陆军①，被李鸿章提拔为海军提督。丁汝昌表现了一个爱国军人的应有品质，他竭尽所能，抵抗日本的侵略，临危不屈，死而后已，和那些可耻的逃跑的将军、投降将军是不可以同日而语的。

丁汝昌死后，投降派更肆无忌惮地活动起来，他们在牛昶炳的住所会议，公推美国顾问浩威起草了投降书，向敌人乞降。日本军队靠这些投降派的帮助，开进了刘公岛。当时，不甘屈服的士兵们还踞守着几个据点，进行最后的抵抗，但随即被日军镇压。留在军港中的残余舰只镇远、济远、平远、广丙以及大批枪炮、辎重都拱手送给了敌人。北洋海军就这样全军覆没了。

北洋海军的覆灭不是甲午战争失败的原因。重要的原因，是慈禧太后可战而不战，在战争大局未定的时候投降。与列强的战端一开，北京离沿海太近，是锋芒所在，必须迁都，才能坚持反侵略战争。日军进入东北以后，在海城战役已经开始显露强弩之末的颓势，中国若坚持抗战，不会轻易失败。但慈禧坚决不肯离开皇城，让他人做替罪羊，与日本谈判，签订卖国条约。

八、结束语

北洋海军的建立，经过了三十年的岁月，付出了艰苦卓

---

① 清末以李鸿章为首的武装。

绝的努力，其中有千千万万动人的故事，它所体现的是中国在列强环伺、民族危亡之际，民族的奋起和抗争的历史。

北洋海军的建立，不仅是一支武装力量的兴起，而是引领整个洋务运动发展的历史事件，体现了中国社会从农耕社会向近现代社会转型的过程。一支海军，没有钢铁，没有船坞，没有造船厂，没有铁路，没有矿山，没有学堂，没有专业化人才，不能称其为海军。它的建立和成军，标志着中国社会全方位的进步，它所开启的是中国近现代社会的基础。

那些为建立中国海军艰苦奋斗的人，那些为后世创立发展基业的人，那些在捍卫国家的战争中牺牲的人，永远值得我们尊敬和纪念。

北京的庙会

——皇城根下的市井

　　两千年的第一个春节快要到来了，北京城一年一度的庙会又将热闹起来。庙会上悬旗结彩，百货杂陈，戏曲开场，人潮如涌，吸引着京城的百万民众。在这里逛上一趟，你可以窥见北京的风土人情，领略传统节日欢快、热烈的气氛。

　　北京的庙会起源甚早，它是民间经济和文化活动的一种重要形式。庙会就是民间的市场、娱乐园和求神拜佛的场所。

　　作为民间市场，庙会的特点是：定期聚会、地点轮流，类似全国各地的"趁墟""赶集"。庙会上货物多、品种全，贵重的有金玉绸缎，廉价的有粗碗废铁，高雅的有字画图书，日用的有风味小吃、布帛菽粟、虫鸟花草，还有风车、面人、窗花、空竹等土特产品。百货齐全，应有尽有，所谓"珠玉云屯，锦绣山积，器用杂物，无不毕具"[1]。现代城市里，商店林立，出售的商品固然制作精巧、形态优美，但商店的分工很细，衣铺只能购衣，饭店只能吃饭。庙会的优势就在

------

[1] 《燕京杂记》。

于杂而全，吃的、穿的、用的，什么都有，咫尺之间，万物皆备。虽无今天超级市场的豪华、整洁，却也品种齐全、琳琅满目，任凭选购，可以满足人们的多种需求。

庙会又是个娱乐场所，在古代没有公园、电影院，戏楼也很少，且入场价格昂贵，穷人进不去。而庙会上摊棚栉比、百戏竞陈，各种杂技、武术、曲艺、游耍、戏剧以至西洋镜、拉洋片，无奇不有。民间艺人登场献艺，老百姓花一点小钱，甚至不花钱就可以欣赏他们的节目，让你看不尽、逛不够、听不厌、玩不腻。传统的庙会，夜间常有灯会，各式各样的花灯五彩缤纷，光耀映天，使我们想起辛弃疾咏元宵灯节的名词《青玉案》："东风夜放花千树，更吹落，星如雨。宝马雕车香满路，凤箫声动，玉壶光转，一夜鱼龙舞。"

明朝北京著名的灯市在东华门外，灯市长二里，白天是市场，夜晚张灯火。闽粤海外的珍异、三代六朝的古董、四民穿着的服饰、老少皆喜的食品，所谓"日市开场，货随类分"。入夜，张灯结彩，齐奏鼓乐，施放焰火。明朝宰相张居正写诗《元夕行》，描述灯市的盛况："禁城迢迢通戚里，九衢万户灯光里。花怯春寒带火开，马冲香雾连云起。弦管纷纷夹道旁，游人何处不相将。花边露洗雕鞍湿，陌上风回珠翠香。"到了清初，东华门的灯市盛况不再。这是因为满族进北京，只准旗人居住内城，把汉人全都赶到前三门外；于是，东华门外的灯市与西单城隍庙的庙会移到了前门外的灵佑宫与广安门内的慈仁寺（今报国寺），至今东华门外只保留了灯市口的旧名。清初查慎行的《凤城新年词》中就说：

"才了歌场便买灯，三条五剧一层层。东华旧市名空在，灵佑宫前另结棚。"

清初，慈仁寺的庙会很有名，除了普通市民，许多文人学者也常去游庙会、逛书摊。康熙年间大诗人王士禛（渔洋）有一段轶事。王名重海内，主坛坫五十年。有人求见他，几次往访不遇，便去问徐乾学。徐说："这好办，每月十五日，你去慈仁寺的书摊上等候，必能相见。"那人按徐的话，果然见到了王士禛。《桃花扇》作者孔尚任的《燕台杂兴》诗云："弹铗归来抱膝吟，侯门今似海门深。御车扫径皆多事，只向慈仁寺里寻。"此诗所说就是寻访王士禛的故事。

庙会还是宗教活动的场所。旧社会动荡不安，百姓生活朝不保夕，只得祈求菩萨保佑，趋吉避凶，免灾治病，找一点精神寄托，因此，烧香拜佛的风气很盛。朝阳门外的东岳庙，是历史上最早的庙会之一。每年三月二十八日是东岳圣帝的诞辰，香烟缭绕，红烛照天。还有西便门外的白云观，是金代真人邱处机修炼之处，庙会常盛不衰。每年元月十八日习俗为"会神仙"，传说这天晚上有神仙下凡，但下凡的神仙不露真身，或变成孩童，或变成乞丐，或变成翩翩公子，或变成妙龄女郎，有缘者才能会得到神仙。迷信的男男女女，等候在观内，彻夜不眠，期待着和神仙相会。

清朝中叶，禁止汉人居住内城的命令稍稍松弛，这里逐渐成为满汉杂居的地方，庙会又兴起，最著名的是东城隆福寺和西城护国寺，称东西两庙。有诗说："东西两庙货真全，一日能消百万钱。多少贵人闲至此，衣香犹带御炉烟。"[①]
足见两庙交易的繁盛。后来琉璃厂的厂甸也有庙会，附近有
土地庙，这里书肆极多。乾隆时许多文人学者群居于宣武墟
南，有戴震、钱大昕、王鸣盛、纪晓岚、朱筠、翁方纲、周
永年、李文藻等，他们中的许多人奉旨纂修《四库全书》，
入值大内，回家时经常去琉璃厂书店搜觅和阅览图书，查对
资料，作为纂修《四库全书》的参考，把这里当成了公共图
书馆。

　　北京的郊区也有庙会，最热闹的首推妙峰山，其上有碧
霞元君庙，四月开庙。据《旧都文物略》记载说："香火之盛，
闻于遐迩。环畿三百里间，奔走络绎，方轨迭迹，日夜不止。
好事者沿路支棚结彩，盛供张之具，以待行人少息，辄牟厚
利。车夫脚子，竟日奔驰，得佣值倍他日。而乡社子弟又结
队扮演灯火杂剧，借娱神为名，歌舞于途，谓之赶会。会期
之前，近畿各乡城镇皆有香会之集团首事者，制本会之旗，
绣某社名称。旗后则金漆彩绘之笼楹，以数人担之而行，笼
上缀彩旗銮铃，导以鼓锣。担者扎黄巾，衣黄色裰，喧然过市。
凡在会之户，闻声纳香烛茶资如例，首事则簿记之。至期香
客入山，各认所隶之旗，趋入队中，一切瞻拜、休息、饮食、
住所，由首事者指导招待，诚敬将事，从无欺蒙之弊，故旗
字均标明某某老会云。凡祭赛事毕，先后散于庙内外肆摊购
绒绫花朵，插帽而归，谓之'带福'。遥望人群，则炫烂缤纷，

　　① 《草珠一串》。

招颤于青峰翠柏间，其风物真堪入面也。"这段描述绘声绘色，把当年妙峰山庙会的盛况生动具体地再现于我们的跟前。这实际上是广大民众把春游、娱乐、贸易、宗教活动结合在一起，成为他们盛大而欢乐的节日。

民国年间，北京的知名学者如顾颉刚、朱自清、徐炳昶、魏建功、容肇祖、孙伏园、罗香林等都去过妙峰山逛庙会。他们自然不是去进香佞神，而是做民风土俗的调查研究，也带有春季郊游，欣赏鸟语花香的意思。顾颉刚、徐炳昶先生还在那里寻找断碑残碣，把它抄录下来，他们还写了许多调查报告与游记、散文。

距今六十年前的 1941 年春，正是抗日战争时期，妙峰山还在举行庙会，香客群聚。八路军某部忽然来到庙会上，向群众宣传抗日，听讲的达五百多人。群众多年来在日寇铁蹄的蹂躏下，在这里遇到了自己的军队，听了八路军英勇抗日事迹，无不兴奋鼓舞，会场掌声雷动，热情飞扬。有人说："只要有八路军，抗战一定会胜利。"[①]这说明八路军给传统的庙会注入新的内容，把它变成为宣传抗日的讲坛。

---

① 《解放日报》，1941 年 7 月 18 日。

回溯清代西部的大开发

一

中国幅员辽阔，人口众多，自然条件多样，民族成分复杂，各地区发展极不平衡，这是中国的重大国情。这一情况塑造了中国的历史，也制约着中国的发展。在历史上，西部和北部是游牧地区，东部、南部则是农耕地区，生产和生活方式的这一根本差异造成了严重而深刻的历史矛盾。农耕民族和游牧民族虽然有友好与交往的一面，但长时期处在对立和战争之中。秦汉之与匈奴，魏晋南北朝之与鲜卑、氐、羌，唐朝之与突厥、回纥，宋朝之与契丹、女真，明朝之与蒙古、满族，长期征战，干戈扰攘，烽烟不息，造成血流成河、市镇为墟的悲惨景象，给历代人民的生命财产带来巨大的损失。冲突的根源即在于东西部地区经济、政治、文化上的巨大差异。这些冲突破坏力极大，对游牧民族或农耕民族都是重大的、长期的灾祸。历代统治者大都意识到这一点，或在西部屯田，进行开发，发展东西部之间联系；或采用和亲政策，以婚姻联络民族之间的感情。但由于生产力水平低下以及种种历史局限，这些努力收效甚微，东西部的差距和对立长期存在，不平衡现象不能根本解决。

清朝以少数民族入主中原，更懂得少数民族的要求与感情，它致力于开发西部、北部，安定边疆，政策比较正确，成效极其显著。清在康乾盛世，削平了盘踞伊犁的准噶尔割据政权，并在西南地区实行改土归流，完成并巩固了对蒙古、新疆、西藏、青海以及川、滇、桂、黔广大地区的统一。为了缩小、缓和东西部的差距和矛盾，清政府进行了长期努力，在西部移民实边、开垦荒地、兴修水利、建筑道路、沟通贸易，直到晚清仍继续开垦荒地、修建道路、开设厂矿、建立行省。有清一代，西部地区的人口迅速增加，经济得以发展，民族团结得以增强，中国的版图因之奠定。到了近代，帝国主义入侵，中国各民族丢弃历史嫌怨，团结一致，风雨同舟，共同反抗外国侵略，渡过了风骤雨急的危急时期而并未发生民族分裂，清朝长期开发西部和团结兄弟民族，实有不可磨灭的功绩。

二

清代开发西部的前提就是努力营造一个良好的政治环境。国家的统一、边疆的安定是开发西部不可缺少的条件，而西部的开发又反过来稳定了社会秩序，巩固了国家的统一。清政府在西部筑城设官，驻兵戍守，其方针是"修其教不易其俗，齐其政不易其宜"，也就是尊重少数民族的宗教信仰、风俗习惯，根据各地的情况进行统治和管理。伊犁地区与俄国接壤，为俄所垂涎，故重在边防，设置将军，驻扎重兵；蒙古地区在原来鄂托克的基础上，划分盟旗，设立扎萨克；维吾尔族地区沿袭其伯克制，设置阿奇木伯克，派驻大臣；云、贵、川、黔在改土归流之后设置与内地相同的州县；西藏则树立达赖喇嘛的权威，设立噶厦政府，实行政教合一，派遣驻藏大臣协同管理。清政府尤其注意团结少数民族中有影响的人物，给以王公爵位，厚其俸禄，并和蒙古族通婚联谊，皇帝皇族娶少数民族女子为后妃福晋，而公主、郡主纷纷下嫁蒙古王公。

为了笼络少数民族，清政府令其领袖每年岁末来北京朝觐皇帝，谓之"年班"；或于秋季至承德，随皇帝"木兰秋狝"，校猎习武，谓之"围班"。每值"年班""围班"，都要隆重举行宴会，赏赐大量金银绸缎等财物。清政府为维护统一，坚决镇压叛乱，反对民族分裂和外国入侵。1750年平定了西藏珠尔墨特的叛乱；1755年削平了盘踞天山南北的准噶尔割据政权，接着镇压了阿睦尔撒纳叛乱；1759年平定南疆维吾尔族大小和卓的割据。1792年廓尔喀入侵西藏，占领班禅驻锡之地扎什伦布寺，清军万里跋涉，战斗在喜马拉雅山上，击退廓尔喀军，保卫了西藏。1826年张格尔从安集延窜入南部新疆，发动叛乱，清军横越大漠，击溃叛军，维护了南疆的安定。鸦片战争后，浩罕国的阿古柏乘中国内地战乱之机，又入侵南疆，建立政权，左宗棠受命西征，转战万里，收复南疆。同时，俄国强占伊犁地区十年之久，经过艰难的交涉，索回伊犁，保卫了祖国的神圣领土。国家的统一、边疆的安定、西部的开发，行之维艰，来之不易，是和反对侵略、反对分裂的长期斗争分不开的。

三

清代西部开发以实行屯垦、发展农业为主。18 世纪以后在新疆设立各种屯田，有兵屯、旗屯（八旗兵屯田）、民屯、回屯（维吾尔族屯田）、遣屯（流放罪犯屯田）等。至 19 世纪初，乌鲁木齐、伊犁的屯田数达一百二十万亩，以后有更大规模程度的增加。其中主要是民屯，大批汉族农民，从陕西、四川、甘肃西迁。政府帮助他们安家立业，每户拨地三十亩，即为私产，贷给耕牛、农具、种子及一年口粮，六年起科（六年内免纳赋税），使移民们"到屯即有房间栖止，又有口粮度日，得领地亩、农具、马匹、籽种，尽力田亩，不致周章"①。蒙古地区很早就有汉民移入，晚清实行更大规模放垦，东部放垦八百万亩，西部放垦三百六十万坰。这样，昔日游牧之地出现了大片农田，呈现出一片郁郁葱葱的景象。

西南地区原属土司管辖，雍正时改土归流，大批汉人前往垦田，如云南峨山"人烟稠密，田地尽辟，户习诗书，士敦礼让"②；广南府则"楚、黔、粤、蜀之民，携挈妻孥，风

① 《朱批屯垦》乾隆四十二年八月二十六日。
② 道光《元江府志》。

餐露宿而来，视瘴乡如乐土，耕垦营生者几十之三四"①。西藏道路遥远，汉人尚无入藏垦种之人，但入藏官兵商民，携带农作物种子及农具什物，络绎而往。十三世达赖和清驻藏大臣公开告示"西藏留有许多荒地，今后凡有劳力之贫困户均可于山岗谷地中之公共土地，尽力垦荒、种树、种刺柴，不得加以阻拦"②。

屯田垦荒，水利为先。清政府非常注意调查西部的山川形势、土壤水源，"视其地土肥瘠，水泉多寡，以定耕作"。新疆屯田之始，乾隆帝即命阿桂引伊犁河之水，以灌田地。乌鲁木齐也是水利大兴，可以种植水稻，当时流放在此的纪昀诗中说："新稻翻匙香雪流，田家入市趁凉秋。北郊十里高台户，水满陂塘岁岁收。"③林则徐遣戍新疆，督率民工，兴修水利，修成著名的龙口工程，他主持修浚的宽达五米的水渠，至今碧波荡漾，仍在灌溉和滋润西部的土地。其后，他又奉旨赴南疆勘荒。他不辞辛劳行程三万里，跨越塔克拉玛干沙漠，亲历南疆八城考察土质，寻找水源，雄心勃勃地想把这片沙漠地区改造成鱼米之乡。他的诗中说："但期绣陇成千顷，敢惮锋车历八城。"④左宗棠收复新疆后也以水利为最要工程，其部属刘锦棠、魏光焘继步其后，新疆水利得到全面整治。光绪末，新疆共有大小渠两千余道，长达七万里，溉田能力达一千余万亩。

① 《彝族史稿》。
② 《藏文史料译文集》，第 202 页。
③ 《乌鲁木齐杂诗》。
④ 《東全小汀》。

063

四

清代的西部开发，除屯田垦荒外，又利用边疆地区的优势，发展畜牧业和矿业。新疆、蒙古土地辽阔，草茂泉甘，宜于放牧。乾隆在平定准噶尔以后，即从各地购买马两万匹、牛五千头、驼一千五百头、孳生羊八万只，送伊犁放牧。1771年，土尔扈特部数万人从俄国伏尔加河，历尽艰辛，返回祖国。乾隆把他们安置在新疆各地，发给马驼牛羊二十余万头及大量物资，使其安居放牧。蒙古地区则有清政府设立的许多官牧厂，太仆寺牧厂养马四万匹，庆丰司牧厂养羊二十一万只，达布逊诺尔与达里冈爱牧厂养马驼十二万匹、牛三万头、羊三十四万只。西部繁荣的畜牧业为东部人民提供了丰富的肉食、皮毛制品和运载工具。

开发西部，人口聚集，需用煤炭以供取暖炊事，要有铁器制作农具，西部地区的矿业也因此得以开发。如蒙古有札赉诺尔煤矿、井子沟煤矿，伊犁有煤窑二十四座，乌鲁木齐北山和西山也有很多小煤窑。据纪昀说："城门晓启则煤户联车入城。"铁矿以乌鲁木齐为最大，年产量达五万五千万公斤。西南地区，矿产资源丰富，乾隆年间云南铜矿产量达最高峰，年产六百五十万公斤。清政府因铸币需要，鼓励产铜，每年借给资本银一百万两，谓之"官发铜本"。商民鹜集，全省采铜工人有数十万人，是当时全世界规模最大的铜矿。

西部僻处内陆，沙漠广布，山谷纵横，交通不便。清政府开发西部的重要措施是发展交通,对全国的驿路塘站的建设和养护十分注意。驿传网络,四通八达,覆盖全国,统一由兵部管理。自北京的皇华驿起始,有通往蒙古、新疆、西藏、西南的驿路,沿路设置军台营塘,递送军事物资和情报,接待过往官兵,沟通商民往来与货物流通。驿路两旁,人民定居落户,渐成村庄市集。西南地区除驿路外,乾隆年间还耗资巨万,疏浚金沙江水道,凿石治滩,使江水畅流,作为运送云南铜矿的通道,号称"千古之大功"。

开发西部必须和东部地区开展贸易交流。乾隆帝说:"新疆驻兵屯田,商贩流通,最为重要。"[①] 故大力鼓励贸易。18世纪末,乌鲁木齐一带,商业繁盛,"内地商贾,艺业民人,俱前往趁食,聚集不少"[②],交易商品多为牲畜、茶叶、绸布、玉石、药材等。蒙古则形成了归化(呼和浩特)、张家口、承德、多伦诺尔等商业城市。归化城"居民稠密,一切外来货物先汇聚该城囤积,然后陆续分拨"[③]。商人则有晋帮、京帮、河北帮、陕西帮,而以晋商最强大。承德既是避暑山庄所在,也是货物集散地,其买卖街"最称繁富","左右市廛,连亘十里","商贾辐辏,酒旗茶旌,辉映相望,里间栉比,吹弹之声彻夜不休"[④]。西南地区,由于矿业大兴,"聚吴蜀秦滇黔各民,五方杂聚,百物竞流",也是一派兴旺景象。西藏与内地的贸易往来也十分频繁,四川的打箭炉、

---

① 《清高宗实录》卷610。

② 《皇朝经世文编》卷81。

③ 巴延三:《查明归化城税务折》。

④ 朴源趾:《燕岩集》。

青海的西宁、云南的大理都是内地与西藏联络交流的门户。

西部地区和外国接壤，有漫长的边境线，进行国际贸易是促进西部经济发展的有力杠杆。伊犁与哈萨克的贸易很兴旺，每年购进大批马牛羊，而输出内地的有茶叶、丝绸和维吾尔族土布。南疆则与浩罕的贸易很发达，"茶是输入浩罕的大宗，茶的消费在整个中亚很普遍"[①]。对俄贸易则以蒙古恰克图为中心，商贾云集，交易繁盛。1800年中俄两国进出口贸易总值达八百三十万卢布，这是一笔很大的数目。

五

18、19世纪，清代经营、开发西部经历二百年之久，在当时生产力水平下，已是成果卓著。西部的人口急剧增加，经济文化迅速发展，东西部的联系交流更加密切，缩小了差距，民族凝聚力逐步增强，国家的统一大大巩固，这是超越历史上各代王朝的巨大成绩。周恩来总理说："清朝以前，不管是明、宋、唐、汉各朝，都没有清朝那样统一。"[②]中国的统一、疆域的奠定、民族的凝聚是和清朝开发西部、发展西部经济、沟通东西部地区联系交流的努力分不开的。

清朝开发西部固然取得了辉煌的成绩，但也发生了重大的失误，遗留下影响深远的后果，这就是造成了生态环境的破坏。当人们开发西部，通过勤奋劳动，向自然索取财富的

---

① 佐口透：《18—19世纪新疆社会史研究》。
② 《关于我国民族政策的几个问题》。

同时，也在改变生态环境，使其失去了平衡。为了养活众多的人口，人们无限制地把森林、牧场、湖泊垦成农田。无补偿的开发导致森林消失，牧场萎缩，水土流失，沙漠扩大，环境变得日益"严酷"，使人们难以栖息和生存。人可以通过劳动向自然索取可供消费的财富，但自然的给予是有限的，贪婪而没有补偿的索取必将遭到大自然的无情报复。当今天我们对西部进行更大规模的开发时，必须牢记这一教训，把退田还林、保持水土、整治沙漠、美化环境作为西部开发的题中应有之义，列为头等重要的任务。

遣戍新疆的民族英雄林则徐

林则徐是鸦片战争中严禁鸦片、抵抗英国侵略的民族英雄，是对外国进行调查研究、睁眼看世界的第一人。他又以花甲之年遣戍新疆，致力垦田水利，为开发新疆做出了贡献。

1842 年，林则徐因严禁鸦片得罪英国而遣戍新疆伊犁。此时，清廷正在筹划扩大伊犁的屯田，欲在阿齐乌苏开垦荒地。该地原曾垦荒，但因水源不足而废置。这次筹划重垦，林则徐踊跃参加，力肩重任，计划开渠引进哈什河水。哈什河是伊犁河的支流，水流丰沛，"贯注永可不穷"，但工程浩大。林则徐认领了一段最艰难的工程。清廷没有经费投入，林则徐就与当地官员绅民共同捐资。他运用自己在内地长期治河的经验，于 1844 年（道光二十四年）5 月开凿引水道，钉桩抛石，历时四个月，用工十万余，至当年 9 月渠工告成。哈什河水引至阿齐乌苏，自龙口至渠尾"无不盈科递进，水到渠成"，共可灌溉田地十余万亩。到今天，这条宽广的渠道碧波粼粼，仍滋润着西部土地，当地人民称之为"林公渠"。

伊犁垦田成功，林则徐在修建龙口工程中表现出卓越的才能。伊犁将军布彦泰上奏道光皇帝，称赞林则徐"赋性聪明而不浮，学问渊博而不泥，诚实明爽，历练老成"，"平生所见之人，实无出其右者"。道光帝朱批也说"所办甚属可嘉"。

接着林则徐又承担了勘查南疆荒地的任务，伊犁垦荒的成功激起了清廷大规模开发南疆的兴趣。由于林则徐在伊犁垦荒工作出色，1844年10月清廷派他和喀喇沙尔办事大臣全庆往南疆勘查荒地，勘查地区包括库车、乌什、阿克苏、英吉沙尔、和阗、叶尔羌、喀什噶尔，并附带勘查北疆的吐鲁番、哈密等地。所历地区沙漠绵延，一望无际，山陵起伏，十分干燥。履勘途中，林则徐受到维吾尔族人民的热烈欢迎和大力帮助。

林则徐勘查南疆的任务之一是清丈土地，勘察土质，查明有多少可供开垦的荒地。他"到一城，查一城，将实情呈请将军（布彦泰）核奏，绝不敢稍有成见，亦绝不粉饰迎合"①。具名上奏的是布彦泰，而履勘拟奏的是林则徐。由于勘地离城市遥远，他携带帐篷、粮食、被衾，白天迎风冲寒，走马引绳，丈量土地，夜晚卧宿毡庐中，谛听四野风沙的呼啸声。经过他半年的勘查，共得可垦荒地六十余万亩。林则徐赠给同行全庆的诗中写道："蓬山俦侣赋西征，累月边庭并辔行。荒碛长驱回鹘马，惊沙乱扑曼胡缨。但期绣陇成千顷，敢惮锋车历八城。丈室维摩虽示疾，御风仍喜往来轻。"② 这首

---

① 《致李石梧书》。
② 《柬全小汀》。

诗既反映了勘荒路上的艰险，又倾吐了他为开发西部而不辞辛劳的豪情。

南疆勘荒的任务之二是寻找水源，试筑水渠。林则徐每到一处，必先勘水势，指示渠工。他在叶尔羌查看试挖的渠道后指出，这里的渠身是沙土质地，"坝工倍须坚固，挑工更要宽深"。他查看喀什噶尔一带，"水性浑浊，日久不免停淤"，因而指示员工"所有渠工坝座，尚须加以岁修，乃可永资利用"①。林则徐对工程质量的要求极为严格，"测量土方，逐段驳诘，加工挑补至再，意犹未慊"。

勘荒任务之三是土地分配。南疆居民大多是维吾尔族，他们是开发和建设新疆的主力。林则徐从维护民族团结、加强边疆防务的大局出发，主张将大部分土地交给维吾尔族人民垦种，驳斥了防范维吾尔族人民、不分给土地的错误主张。由于他的极力坚持，库车、乌什、阿克苏、和阗四城的三十万亩田地全部分给了维吾尔族，喀什噶尔河东地六万亩分给了维吾尔族，河西地一万六千亩分给了汉族，叶尔羌之地亦汉、维兼顾，唯喀喇沙尔及吐鲁番、哈密靠近内地的十余万亩土地多招汉民耕种。由于这一分田方案的实施，保护了少数民族的利益，维护了维、汉民族的团结。

林则徐在勘荒时见到了坎儿井，这是当地维吾尔族人民创造的地下水利设施，在高温少雨、气候干燥、蒸发强烈的地区是理想的节水灌溉工程。对此，林则徐十分赞赏，称"此

---

① 《乙巳日记》。

处田土膏腴，岁产木棉无算，皆卡（坎）井水利为之也"①，"其利甚溥，其法颇奇，洵为关内外所仅见"②。他和全庆计划推广坎儿井，制定了《经久章程》。但不久，林则徐奉诏返回内地，后任者秉承他的意志，开凿了许多坎儿井。30年后，随左宗棠西征的施补华看到了新疆的坎儿井，追怀林则徐的功德。他写诗说："海族群吹浪，疆臣远负戈。田功相与劝，水利至今多。重柳家家树，回流处处科。白首遗老在，怀德涕滂沱。"新疆的父老们一直在怀念林则徐开发西部、兴修水利的德政。

在林则徐勘地兴垦之后，原来荒无人烟的地方出现了新的绿洲和村落。如和阗达瓦克，开垦一年后除沙碛冈梁之外，均已搭盖房屋，陇亩相望，俨然一大村落。叶尔羌巴尔楚克本空旷无人，后"纠工筑城，开渠引水，招民种地"，"不数月而成街市……穷民携眷安家，以为乐土"。

林则徐以戴"罪"之身，遣戍新疆三年，奔走万里，竭精殚虑，为开发西部做出了杰出贡献。后人称赞他在新疆"浚水源，辟沟渠，教民耕作"，"大漠广野，悉成沃衍，烟户相望，耕作皆满，为百余年入版图未有之盛"③。

① 《乙巳日记》。
② 《清史列传·全庆》。
③ 《续碑传集》卷二四。

论中国历史上的统一与分裂

　　大一统是中国历史的鲜明特点。中世纪欧洲分为许多小的封建城邦，中国则很早就统一，而且越来越走向大一统、大融合的趋势。自周代的诸侯千百，变为战国七雄，到秦始皇统一全国后，中国统一时间之长久，在世界各国无与伦比。

　　秦并六国，行中央集权制，置三十六郡，后又发展为四十郡，在我国建立了统一的多民族的国家。这时候，在我国领域内，与秦并存的还有东北部地区的东胡、北部地区的匈奴、西北部地区的乌孙和西域诸城国、西部地区的氐羌、西南汉藏语系与南亚语系的众部落。汉朝在秦统一的基础上，进行了更大规模的统一。北战匈奴，南平众越，通西域，郡县西南夷，设置东北诸郡，除台湾和西藏部分地区外，几乎完成了大部分地区的统一。东汉末，三国鼎立，数十年后，西晋结束了三国的分立。不久，北方游牧民族南下，中原动荡，出现了南北朝对峙，长达三百年，继之而隋唐统一，封建社会趋于鼎盛。隋唐时期出现了较大范围的统一，但是与隋唐并存的还有我国吐蕃等族建立的政权。唐以后，仍有局部的分裂，如五代十国，辽和西夏分治、宋金对立。这种局面又经过三百年，元朝兴起，混一区宇，以凌厉的武功达到范围更大的统一。元末群雄割据，中原扰攘。明朝建立，我国又分为两大部分，以汉族为主建立的明朝统治区和以蒙古族为主建立的统治区。但是统一是大势所趋，人心所向。清继明兴，复归于一，清代再次达到统一的鼎盛阶段，确立了近代中国的版图。从秦始皇统一以后的两千二百年，中国统一的时间，大约占百分之七十，分裂的时间约百分之三十。

怎样估算中国历史上统一与分裂的时间？有的学者认为中国历史上分裂的时间很长，甚至认为从秦以来两千多年时间都是分裂的，只有清乾隆中叶平定准噶尔、统一西北至鸦片战争之间不到一百年时间是统一的。鸦片战争后，香港岛被割，又告分裂。这样估算过于绝对化。所谓"统一"不是全国范围的铁板一块，完全一致，毫无分治分立现象。如果做那样绝对化的估算，那么，乾隆以后的一百年间，澳门仍为葡萄牙所占，仍有局部的分裂，但这无碍于当时中国的统一。又如今天，澳门尚待回归，台湾尚未统一，但中华人民共和国应是一个统一的国家。

那么又应当怎样看待中国历史上反复出现的统一与分裂现象？我国的统一，不是指某一部分地区某一民族的统一，而是指我国整个领域和居住在这一领域的所有民族的统一。这样的统一，不是自古以来就有的，也不是统一后没有分裂的。既然是多民族国家的建立和形成，各个民族之间既有矛盾和斗争，又有互相联系和日益接近的过程；既分别存在和建立过不同的国家政权，又日益趋向于政治的统一和建立统一的国家。各民族之间长期存在着斗争和冲突，在历史上表现为内乱、分裂、民族战争和改朝换代。纵观鸦片战争前中国数千年文明史，国家总是在统一、分裂而又复归于统一的轨道上运行着。实际上，每一次的统一都不是简单的历史重复，每一次分裂也不能简单地斥之为历史的倒退，而是社会由低级向高级、由落后向进步的一种螺旋式的发展规律。每一次新的统一，都有一些新的民族融合于统一多民族的国家之中，都有新的土地得到开发和利用，生产力提高、社会进步、民族发展、国家领土不断拓展，最终凝聚为以汉族为主体的统一的多民族的国家。以中国最后一个封建王朝清朝为例。清初，清朝统治者所面临的局面并不是全国的大一统，而是明末所出现的中国边疆地区的多元化格局。也就是说，清朝虽然建立了对全国的统治，但是并未达到对全国的统一。在边疆地区出现的分裂与割据对于大一统局面来说是局部的和暂时的，是完成全国统一必然经历的过程。清朝统治者对于割据一隅的边疆民族政权并未简单地斥之为分裂或分裂政权，而是在不同的阶段、对不同的民族、按不同的地区所确立的不同关系采用了不同的称呼，实施不同的政策。这是因为，清朝继承明朝的统治，明朝未能达到元朝那样的疆域范围，清朝也只能采取稳妥的办法完成它的大一统目标，这也就体现出清朝政府在实现统一过程中的阶段性。对于已经明确纳入清朝统治范围的或者已经明确由清朝直接管辖的地区和民族，不管是汉族政权还是边疆民族政权，如果背叛清朝，再以独立政权形式与清朝对抗，清朝则坚决斥之为"分裂""谋叛"，坚决平定。

清初的边疆民族政权又是如何看待国家统一和他们所处的割据一隅的地位呢？首先，对于清朝入关，持最积极拥护态度的是各个边疆民族政权。清初各个边疆民族政权对清朝入关的支持，既表明了它们对清中央政权的承认，同时也确认了自己的从属地位，这不但使清朝政府赢得了统一中原的时间，同时也为其最后统一全国奠定了基础。

综上所述，从清初至18世纪统一多民族国家最后形成的一百年间，中国广阔的土地上，既有中央政权，也有边疆民族政权，多种政权和多种制度并存，相互之间既有吸收和融合又有排斥和对抗，除了准噶尔与清朝对抗时间较长外，其他基本都处于和平交往的状态中，这种长时间的多种政权并存的局面为各民族和各民族政权的经济文化发展创造了有利时机，也为统一多民族国家形成和版图奠定的稳定性提供了时间的保证。

正确看待清朝对中原地区的统一行动及各民族的反抗，有助于理解清朝对边疆的统一和正确分辨边疆民族的反抗或叛乱，在谈到清朝入关及对中原地区的战争时，人们既肯定清朝对中原的统一，也颂扬中原汉民族对满洲贵族统治者进行反抗的精神。在这里，既称"征服中原"也称"统一中原"；既肯定了清朝统一中原的历史作用，也揭露批判了它实行民族压迫、剿杀反清义士的暴行。中国是一个领土广袤、民族众多、历史悠久的国家，边疆地区和中原相距遥远，中国的大多数少数民族都生活在边疆，历史上边疆民族政权与中原政权既有统一也有对峙。这些特点决定了历史上任何一个中央政权对中国实行统一过程的长期性和统一形式的多样化。清朝也不例外，它不可能在短期内完成统一任务。实现对中原的统一并不等于完成了对全国的统一，因此在肯定清朝对边疆的统一功绩时，不能否定边疆各民族对清朝民族压迫的反抗。同样，在全国大一统完成之后，边疆各民族反抗清朝的民族压迫是合理的，但是利用反抗清朝民族政策失误的机会进行民族分裂却又是极其错误的。

由此看来，统一和征服在某些方面有相同的意义，但又有不同的方面。在清代，对边疆既有和平的统一方式，也有残酷的征服战争。这些战争也应该称为统一战争，不管是征服战争还是统一战争，是进步的也是很严酷的，正如列宁所说的那样，历史上常常有这样的战争，它们虽然像一切战争一样不可避免地带来种种惨祸、暴行、灾难和痛苦，但是它们仍然是进步的战争，也就是说，它们促进了人类的发展。

统一有多种多样的形式和内容，有政治的、经济的、文化的、宗教的、军事的和民族的……有全局的和局部的，有全国性的和地区性的各种不同的统一关系和统一方式。实现全国的大统一需要很多必要的条件，如地理的、政治的、文化的、经济的、民族的，这些条件是长期历史形成的。实现大统一需要时间过程和有利的时机，当条件成熟时，需要有把握时机、利用条件、驾驭全局的才能。大统一并不排斥局部地区的小统一，大统一所创造的和平环境为局部地区的发展和统一提供了条件，而局部地区的小统一又可以成为全局大统一的重要步骤。但是，如果不善于把握时机，就可能失去历史上出现的转瞬即逝的完成大统一的大好时机。

中国统一历史格局的形成有以下原因：

（1）经济原因。各民族和各地区经济联系密切，在很早时期，全国范围已有较大的商品流通，唐宋以后，中原和各地区经济、文化的互补性更加突出，南方的稻米、棉花、丝茶和北方的畜产品、麦豆互通有无。作为中华民族主体的汉族是农耕民族，急需治理长江、黄河、淮河、运河那样巨大的水利灌溉和交通工程，也迫切需要一个强有力的中央政府。

（2）民族原因。民族因素极大地影响着当代世界许多国家的各种社会关系和政治关系，影响着经济的发展和社会的进步。同样，民族因素也极大地影响着历史上许多国家的形成和疆域的范围。中国统一历史格局的形成与中国历史上古代民族的多次迁移及民族间的频繁往来和长期融合密切相关。

在中国历史上出现的诸多民族或部族有的延续下来，有的却消失了。许多原先分散孤立存在的民族，经过不断的接触、混杂和融合，不断出现的分裂和消亡，逐渐形成一个我中有你、你中有我的多元统一体。

在中国历史上出现的民族与国家统一问题上，有两点对国家统一与版图奠定起着决定性作用：

第一，从中国历史的发展过程来看，经历了从统一到分裂再到统一的两个历史大循环。第一个大循环是从秦汉的统一到魏晋南北朝的分裂，再到隋唐的统一；第二个大循环是从隋唐的统一到五代宋辽金西夏的分裂，再到元明清的统一。在这两个大循环中，中国广阔的疆域经历了三次民族大混杂、大融合，中原地区的汉族深入"夷狄"所居住的边疆，而"蛮荒异域"边疆民族也流入中原地区与汉族融为一体。元明清三朝是由中国三个不同的民族建立的王朝，蒙古族和满族两个边疆民族先后完成了统一中国的大业，由此国家对边疆地区实行有效的管辖，大批汉族和中原其他民族流向边疆，部分边疆民族内迁，这都极大地加强了边疆民族与汉族融合的深度和广度，为国家的统一和中国疆域的拓展奠定了基础。

第二，中国统一多民族国家的形成，广阔版图的奠定，中国各民族都做出了重要的贡献。少数民族大多数生息、劳动、活跃在中国王朝的四周，它们最早开发、拓展边疆地区，或者率先统一了中国边疆的部分地区，为实现全中国的统一奠定基础，或者进而担当统一全中国的组织者和领导者。元朝和清朝的建立及其对统一的中华民族国家的贡献说明，中华民族多元一体格局的形成，不是由汉族一个民族单独缔造的，而是各个民族包括那些已经消失的民族共同缔造的。中国古代文明持久、稳定的统一，既表现在中原文明不断地扩展，不断地联合和统一诸多边疆各民族的趋势，也表现在边疆各民族不断增强的凝聚力。

（3）文化原因。中国文化具有很强的包容性、认同性。各民族长期共同生活，彼此吸收对方的文化成果，文化的融合为政治认同提供了基础，各民族之间发展起持久而巨大的亲和力、凝聚力。

从文化史来看，中国古代文明在文化史上的发展连续性，在整个世界史上尤其显得突出。文化史上的连续性应该包括两个方面：一是语言文字发展的连续性；一是学术本身发展的连续性。如果从这两个方面来衡量古代的各个文明，那么看来只有中国在文化史上的连续性最具有完整意义。中国古代的语言文字在发展过程中从未发生断裂的现象。从甲骨文到金文，从金文到篆书，从篆书到隶书，从隶书到楷书，从繁体楷书到简体楷书，全部发展过程基本上是清楚的、完整的。如果知道了这样连续发展的过程及其规律，那也就掌握了认识金文、甲骨文的钥匙。在中国古代历史上，发生过南北分裂，但是学术传统从未中断。如南北朝时期，北方最混乱的十六国的史学不仅未中断，而且相当繁盛。

（4）地理原因。地理环境对任何一个国家或民族的疆域形成和国家统一都会有很大的影响。从世界范围来看，中国处于欧亚大陆的东端，西面有喜马拉雅山和帕米尔高原的屏障，不像某些古代文明那样处在民族迁移的交通要道上，因而有一个民族活动相对稳定的环境。东部是漫长的海岸线，太平洋一望无涯，波涌际天，水域无垠，长久以来被中国古人视为"万川归之，不知何时止而不盈；尾闾泄之，不知何时已而不虚"。难以横渡的"大瀛海"成为中国人与外界隔绝的障碍。在北方的"幕北地平，少草木，多大沙"。戈壁沙漠、亚寒带原始森林严密地闭锁了人的北行之路。西北古人称其地"上无飞鸟，下无走兽，遍望极目，欲求度处，则莫知所拟，唯以死人枯骨为标识耳"。天山、阿尔泰山、昆仑山、葱岭等雪峰横亘，"山路艰危，壁立千仞"，尽管有通往西方的丝绸之路，但交通险阻，古人视为畏途。西南是"世界屋脊"喜马拉雅山、唐古拉山、冈底斯山、可可西里山等山脉造成的地理障碍，更甚于其他地区。

从中国内部来看，各地区之间有地理上的间隔和区别。尤其周边地区与中原地区相比，在气候条件、土壤条件和地理环境等方面有很大的不同，形成了地理条件局部的独立性，造就了若干个并存的经济、政治中心。但是，从整体来看，中国地理条件有其统一性。各地区之间地理上的间隔和区别并不能阻断相互间的交通，而就整体来说，由于天然特点，从北、西、南三个方向向中原辐辏而自成一个自然区。中国地理条件整体的统一性和政治形势有密切的联系，它是维系国家统一的一面。

地理条件的独特性，对中国多民族国家的形成和统一影响很大。在中国这个自然区域中，各个社会集团的活动主要受到整体的影响和约束。周边地区各民族建立政权，已经具备了一定的地理条件和经济条件，但是由于东、南濒海，北有沙漠，西和西南有高山，地理条件的阻隔，向内地发展比向外发展要容易得多，因而产生了一种自然的内向性，这种自然的内向性是形成国家统一和疆域完整的条件之一。

（5）鸦片战争以来，资本主义的侵略激起了中国各族人民的反抗，振奋了爱国主义精神。鸦片战争以前，中国多元一体的民族格局已有几千年的发展过程，其内在的联系不断得到发展，一体性不断得到加强，但是，尚未经受过来自外部力量的冲击和考验。鸦片战争以来，帝国主义的侵略威胁到中国各民族的共同利益，各民族在反帝救亡的斗争中结成了不可分割的中华民族整体。

关于中国传统文化的几个问题

　　文化是人类改造世界的方式和能力，以及他们在改造世界过程中所获得的物质和精神成果，包括改造自然、改造社会、改造人类自我。这种方式与能力，各民族、各时代的情况很不相同。古代人对世界改造的方式与能力跟现代人大不一样，这个民族与那个民族的方式与能力也不一样。这是由不同类型的文化所决定的。客观环境对人类提出挑战，人类怎么对付它，或者说怎么解决这个矛盾，各时代、各民族行动的目标、方法、知识水平、价值标准、生活态度、心理状态、世界观都不同，这些构成文化的因素就决定了人们改造世界的方式与能力不同，也决定了他们在改造世界过程中所获得的成果不同。

　　文化作为人类在改造世界中取得的物质成果与精神成果，有的是有形的，有具体的事物作为文化的载体。如上古时代的石器代表一种文化，陶器也代表一种文化，现代的工厂、铁路、轮船、飞机等具体事物代表工业时代的文化。这些具体事物反映了人类创造性劳动，凝聚了人类的智慧。可以说，它们是人类智慧的物化。如果离开了精神创造，那么具体事物就失去了文化意义，就不成为文化，只是一堆僵死的物质的外壳。在这里，物质与精神相互联系，精神的创造、人类的智慧通过具体事物表现出来。人类的科学技术通过工业产品表现出成果，人类的艺术通过艺术品如一幅画、一尊雕像来表现。物质必须凝结人类的智慧、人类的创造才取得文化意义。自然资源不具备这一条件，所以它不是文化。另外一种文化成果是无形的，看不见，摸不着，但它又确确实实存在着，像典章制度、风俗习惯、道德规范，都不表现为具体事物，但也是人们在改造世界的过程中所取得的成果。甚至更深一层完全属于精神方面的如科学、艺术、审美观、道德情操、价值观念，也是人类在改造世界、创造世界的过程中所积累起来的文化成果。

总之，广义文化既是改造世界的方式和能力，又是改造世界的成果；既表现为有形的物质的载体，又表现为精神和内在的心态。这样说来，四面八方，里里外外，无所不包。文化包含的内容这么宽广，怎样来进行研究呢？研究什么呢？

文化是个复合体，包括许多部门、许多学科，对它的研究必然涉及许多部门、许多学科。文化与哲学、社会学、历史学、文学、艺术、宗教、民俗学都有关，文化渗透到各个领域。但我想，文化的研究主要不是去研究文化系统中包含的各个具体的部分。一个文化体系、文化实体由许多要素、部门综合构成，所有这些具体的要素、部门综合在一起，有机地构成文化实体，或者说，有机地构成文化这个大系统。但是，文化实体本身并不简单地等于许多具体要素相加的和。当许多要素、部门相互联系，综合形成一个文化体系时，这个体系本身又具有新的质态，有自身的质的规定性，有它整体性的特点，这种整体性的特点并不表现在各要素的相加。整体包括部分，但整体并不简单地等于部分之和。所以中国文化并不是把中国的科技、文学、哲学、艺术、历史这些部门加起来，不能这样简单地等同，这样简单地相加不能把握文化的整体性。现在我们研究文化、讨论文化当然要涉及许多具体部门，但探索具体部门的规律性，不是文化研究的任务，这应由具体部门的研究人员来解决。文化研究的任务是把握文化体系整体性的特点，做综合性的考察。

文化研究的对象首先是文化的性质。一种文化系统总有它本身的质的规定性，区别于其他文化。我们一般用社会发展形态来区分文化的性质，也就是说，用生产方式、社会制度来决定文化的性质，表现文化的时代性。文化具有时代性，不同生产方式具有不同性质的文化，不同性质的文化是不能混同的。一般说来，后来者居上，愈是后来的文化，愈是先进，因为后来的文化吸收、综合了以前的文化，加以新的创造、新的发展。当然，一种较高的文化，刚刚处在新的阶段时，处在幼稚阶段时，不一定能显示出它的优越性。它还没有旧的文化那样成熟、丰满，但随着实践的发展，随着新文化全面的成长，必然超过旧文化。

其次，我们应研究文化的类别。文化是可以用种种方法、标准分类的。如用生产、生活方式分，可以分为渔猎文化、畜牧文化、农业文化、工业文化；用地域、国家加以分类，可以分为欧美文化、阿拉伯文化、中国文化、印度文化。原始时代的文化干脆用生产工具、生活用具加以分类，如石器文化（新石器文化、旧石器文化）、青铜文化、彩陶文化、黑陶文化。文化包含的领域宽广，内容复杂。为了研究的方便，可以用某种标准来加以分类，大类的下边可以分成小类别，成为亚文化。大文化体系可以分成许多亚文化。像中国古代文化这个大文化系统里，就包括了许多亚文化：中原文化、荆楚文化、吴越文化、巴蜀文化、幽燕文化等。所以应用各种方法、标准进行分类，在分类中加以比较、加以分析，认识各种文化的共性和特点。

文化研究还应包括对文化的功能，即文化的效用、价值之研究。前边我们说过文化是人类创造的（动物谈不上文化，只有它的本能反应），反过来，文化又塑造了人。每个人都在一定的文化圈子里生活、成长，受教育，取得知识，培养自己的能力，学会怎么思考问题、怎么行动、怎么适应环境、怎么改造环境。人是社会动物，是指人生活在一定的文化环境、社会环境中，他属于某种文化，我们说中国人跟欧洲人、美洲人不同，有两方面的意思：一方面是种族不同，欧美人是白种人，中国人是黄种人；另一方面是文化不同，中国人与欧美人有不同的文化背景、不同的文化史、不同的生活态度、不同的文化价值观念。有一些华裔的美国人，他从小在美国长大，如果完全吸收美国文化，虽然在血统上是中国人，但他在文化上是美国人，他对问题的反应跟我们已经不同。所以说，文化塑造了人。

此外，谈谈文化比较研究。各种各样的文化，有共性，也有个性，各有它们的优点与局限性。作为人类文化的一个部分，各种文化的产生，都有它的根据，都有它的合理性。随着时代的发展，有的文化跟不上时代的要求，衰落了、消失了。文化的比较研究很有意义，观察历史长河中各种文化的潮流，丰富多彩，变化无穷。当来潮的时候，一种文化开始生长，汹涌澎湃，很快地发展。当退潮的时候，它销声匿迹。文化的比较有高下之分、先进与落后之别。因为文化总是从初级形态进化到高级形态。不承认高下之分、先进与落后之别，就等于否认文化的前进性，也否认了人类历史的发展。但文化的比较不能简单地归结为高下之分，不能简单地归结为优劣之分。因为文化有类型上、风格上、情调上的差别和表现手法的不同等。文化是丰富多彩的，人类在不同的历史条件、不同的地域条件下，会创造出不同形态的文化。所以各种文化的差异性，不能完全用高低、优劣、先进与后进来判断。比如中国的荆楚文化、幽燕文化、巴蜀文化等一些地区性的文化，各有特点，但不能说哪种文化优越、哪种文化落后。去年上海提出海派文化，当然有它优越的方面，但不能说它比其他文化先进，它同样存在局限性，不能绝对地用先进与落后来区分这种地区性文化。即使人类早期的文化，从总体上来说，它处在初级阶段，当然比现在的文化落后。但在某些方面，它达到的成就，是现今先进文化不能比较的、赶不上的。像古希腊文化，是一种初级阶段的文化，但古希腊文化的许多成果，恐怕我们今天也创造不出来。文化的比较可以使我们对各种文化加以鉴别，更重要的是使我们认识它们的丰富多彩，认识它们的价值，认识它们在人类发展中所占的地位。

中国传统文化是个大问题。中国是个文明古国，历史悠久，我们在这样一个文明古国里建设社会主义，我们固有的文化传统是什么呢？先谈中国传统文化的起源、发展，即它产生于什么样的环境，是怎样发展的。对中国文化影响比较大的因素，有经济条件、政治结构、社会结构、地理环境，这些都影响中国文化的发生、发展。首先，中国是农业社会，六千年以前，中国就种植农业作物。在中国，自给自足的小农经济长期占统治地位，商品经济不发达。在这样的一个农业社会里，民族性格既有勤劳朴实的一面，也造成了稳定、保守、散漫的一面。

其次，中国几千年的政治体制、政治结构是长期的封建专制主义。从秦始皇算起，已有两千多年了。专制主义、官僚结构对中国的传统文化打下了很深的烙印。

再次，中国是个宗法、家族制度普遍盛行的国家。人们从小到老，生活在一个宗法结构中间。宗法意识、家族意识非常强烈。中国文化是在这样一个社会结构中形成的。

最后，地理环境也对中国文化产生了影响。中国在亚洲东部的大陆，东面是海洋，西北是高山、沙漠，将近一千万平方千米的领土形成一个相对封闭的环境。跟其他文化发达地区隔得比较远，交流比较少（当然历史上也有过交流，如丝绸之路，但这种交流比较少）。在这样一个相对封闭的地理环境中形成了一种独立的文化系统，不同于西方文化。

中国传统文化内容丰富，但它有个主干、核心，这就是儒家文化（以孔子为代表）。当然，儒家文化本身在历史发展的过程中也有很大的变化。在春秋战国时期，各学派"百家争鸣"，儒家只不过是许多学派中的一派。汉代，董仲舒发挥了儒家学说，使其成为统一的专制国家的官方意识形态，成为官方文化。汉代儒家不同于先前的儒家了。以后，魏晋南北朝隋唐五代，儒家也有变化，它吸收了佛学。到宋代，产生了程朱理学。儒家文化本身也经历了一个很复杂的变化过程，也吸收、融汇了其他文化，很明显地吸收了道家、法家、佛教思想，也吸收了少数民族文化。所以一部文化史就是文化的传播、交流、冲突、融合的历史。

中国文化在一个相对封闭的环境中成长，但它也有过与外来文化的接触。大规模的接触、交流有三次：第一次是佛教的传入。从东汉起，历程几百年，开始是比较粗浅的佛教教义的传播，但经过长期的消化、文化的整合，到唐代，发展到高峰，产生了中国化的佛学——禅宗，到宋代，产生了在佛学影响下的儒学。佛教的传入经过了几百年的过程，这是中国与印度文化的一次大交流，对中国传统文化影响极大。第二次中外文化交流是明清之际，西方传教士到中国来，从利玛窦到汤若望、南怀仁，从明末到康熙年间，一百多年间，到中国来的传教士有好几百人，带来了西方的宗教，也带来了西方的文化，包括天文、历法、数学、武器、地图、建筑、绘画和其他自然科学。一百多年的时间，西方译著和传教士随身带来的科学仪器也很多。但雍正、乾隆年间，这种交流中断了。原因很复杂，当时中国对西方缺乏认识，所以没有形成一种吸收融合西方先进文化的潮流。第三次文化交流是在鸦片战争以后，外国的大炮打开了中国的门户，中国被动地吸收西方文化，形成中西文化的冲突，又是交流。从某种意义上说，这样的吸收、交流、冲突，到现在还没结束。当然，现在封闭的局面已打破了，不可能再回到历史上那样的闭关状态。中国已进入世界历史的潮流中，中国的社会主义新文化将在批判地吸收传统文化的同时，随着全人类文化一起前进。

中国传统文化的一个特点是重视人际关系。

在中国，伦理道德、历史学这一类学科比较发达，而不太着重于对自然的研究，不着重于研究人与自然的关系，所以中国自然科学相对来说不发达。

中国编《四库全书》时（这是中国古代文化最盛时，也是中国古文化的一个总结时期），法国像狄德罗、卢梭等百科全书派正在编《百科全书》，通过这两部书的比较就可看出东、西方知识结构的不同，也可看出东、西方文化性质、价值观念的不同。当然古人对自然科学也不是漠不关心，但不是像西方人那样把它作为一个纯客观的对象，排除主观性去研究它；而是用"天人合一"的观点，用主观的思想感情、主观的意象赋予自然界以种种意义。中国的诗文里讲自然的很多，都是以自然界为题材，但这只是叙述，而不是用科学的眼光去研究它；是欣赏它的美，而不是追求它的真。所以中国文化的特点，比较着重于人际关系，有人称之为人文主义。但我认为人文主义是西方的思潮，有它特定的内容，恐怕跟中国的传统文化还不是一回事。

中国传统文化重视人际关系、重视人，是将人放在伦理规范中来考虑的。不是肯定个人价值，而是肯定个人对其他人的意义。它的积极意义就是重视人的历史使命，它讲人对社会、对别人的关系，强调人要对社会、对别人做出贡献。但它也有消极的一面，就是忽视了人本身的权利，它把人的价值过分地放在对别人的关系上，而不在自己本身。它讲伦常关系、君臣、父子、夫妇等这一类，都是在讲人和别人应处在一种什么关系中，但是这个社会给人以什么保障呢？它忽略了这一点。

中国传统文化的另一个特点就是同政治结合得比较紧密。两千多年来，儒家思想一直占统治地位，而且深深渗透到国民性中，它同官方结合得非常紧密，是官方哲学。"学而优则仕"，其治学目的就是做官、入仕。儒家有它积极的方面，即它是入仕的哲学，不像佛学。儒家重视文化对社会的作用，所以儒家有许多名言："先天下之忧而忧，后天下之乐而乐""天下兴亡，匹夫有责"，等等。它强调要治天下，是治国平天下的学问。但是它密切结合政治也产生了另外一种缺陷，即依附于政治，经常以官方标准做判断，把很多事情都附会到政治上去，甚至彗星出现、火山爆发、地震等自然现象都成了被附会的对象，成为天人感应的一种现象，认为政治上有失误，天上就要"示警"。另外，缺少自由的创作，凡是不合于官方口味的，都被称为异端思想，所以中国古代的思想迫害屡见不鲜，文字狱历代都有，政治干预文化就会产生消极的后果。

中国传统文化的第三个特点是带有非常强烈的宗法家族色彩。中国没有统一的像西方那样强烈的宗教，没有那样大的教权（西方的教皇在中世纪甚至比国王地位都高），但是族权——宗族的权利、家族的权利——很大，它实际上控制着老百姓。老百姓把两个东西看得最重要：一个是真命天子——皇权，一个是老祖宗——族权。政权跟族权的势力渗透到各个方面，可以说在中国古代社会生活、文化生活中起极为重大的作用。"君"和"父"是中国人的两个最重要的概念。"无君无父是禽兽也"，也就是说：人和动物最主要的区别，就在于人有"君"和"父"。与"君"和"父"相应，就是中国道德观念规范中的"忠"和"孝"。忠臣、孝子是最完美的人格。所以宗法家族在中国人心目中是很重要的，在国民性格中也是很重要的。这还可以从中国古人有两个重要的生活目的——光宗耀祖，传宗接代——看出来。

光宗耀祖。人活着是为了使他的家族光彩，个人奋斗、读书应举、做官发财，固然是为自己享受，但他更大的目的却是光宗耀祖，给家里立个牌坊或挂一块匾，或者给家里修坟扫墓。

传宗接代。就是生儿子，把他的家族绵延下去。"不孝有三，无后为大"。所以人生活的目的就是家族的延续和家族的昌盛。

上面提到的"孝"，我想也应该分析，它当然有好的方面，即它是对父母的正当感情、正当态度。赡养父母、尊敬父母，理应如此，但是如果把这种感情态度提升到一个道德原则，并且加以绝对化，就必然会产生许多流弊。中国古人心中最大的悲剧是什么呢？不是个人的死亡，甚至不是国家的灭亡，而是宗族的灭亡，灭族之灾是最大的不幸。比如中国古典小说《红楼梦》，它是一个悲剧，讲的是封建大家族的没落。

下边我再谈一点中国传统的思维方法和表现方法。中国人的思维方法似乎比较注重直观、着重于体验，相对来说在推理分析上比较薄弱。中国人的思维方法的特点是先直觉到某一个真理，然后用比喻或类比等方法来表现这个真理，用例证的方法来加强、说明这个真理，缺少从未知推到已知的过程（并不是没有，但这方面比较薄弱）。

读中国思想家的书，读中国古代的经典，往往感到有深刻的哲理，但是其思想是跳跃式的，在他们的体会中想象的色彩比较多，比较凝厚和强烈，所以它有许多精彩的片段，有许多闪光的颗粒，但是不连贯，缺少多方面的论证。中国古代圣贤喜欢用格言方式来表达思想，这些格言没有展开，没有充足的论证，比如《论语》，它的道理就几句话或一句话。"有朋自远方来，不亦乐乎"，只有一句话，这个《论语》就是语录式的。老子的《道德经》也是非常简练。宋明理学家许多理论也都是用这种方式来表达，在一两句话中讲一个生活的道理，简短有力，把真理浓缩在片段中间。这同西方著作不太一样，西方的著作都是大部头，让人看了以后，觉得很烦琐。当然，这只是相对而言。

中国的艺术也有其特点——强调写意，而不是写真。现代的中国画采取了西方的一些表现手段，古典的中国画中的人很小、很远，画在山水风景中间，强调的是人跟景的交融，人在景中，而不是强调人的面目；"传神之笔"要传神，不像西方油画那样写实、写真。油画创作很真实，简直像照片一样，它讲究比例、线条、透视、色彩等，画人要画模特儿，要讲骨骼肌肉。国画不讲求这些，画人的比例也不大对，脸大身子瘦。中国的戏曲好像也有这种情况，也是表现神似，只求意思到了，而不是把真实的细节、生活中的真实都全盘托出。

中国人表达感情比较含蓄，保持分寸，保护感情，封闭自己的内心世界，不是无保留地表现。文化人与野蛮人是有区别的，他不能毫无节制地发泄感情。文化的作用之一就是在内心世界设置一层帷幕或纱巾，或薄或厚，挡住内心世界。中国文化设置了较厚的帷幕。人类的喜怒哀乐本是自发的、本能的，如果毫无节制地让它泛滥，就势必引起人与人之间的冲突。中国文化集中在人际关系，因此感情世界的面纱较厚，按一定规范、程式办事。所以中国人表现感情没有采取像西方的接吻这一类的方式，而是用打躬作揖，含蓄地表达自己的感情。

中国传统文化中有几个概念是值得注意的：首先是儒家

的中庸。关于中庸已经写过许多文章了，中庸这一概念承认对立面的矛盾、统一，但解决矛盾的方法是矛盾的缓和、调和，更多地强调了事物统一性的方面，保持一种和谐。中庸之道是不走极端，防止矛盾的激化。要理解中国文化，这是一个重要的概念。第二个概念是礼仪。这也是中国文化中一个很重要的范畴。对个人来讲，就是"克己复礼"，约束自己的欲望、自己的感情、自己的利益，不然就会互相冲突。"礼"是调解人和人关系的准则，也是工具，"克己复礼"即理性的克制、自觉的克制，又是一种强制性的克制。人必须按礼义来办事，把自己约束在一个人际关系规范里，"礼仪"不仅约束个人，也约束国家、家庭，于是有了"礼仪之邦""礼仪之家"等。中国人向来自称是"礼仪之邦"，强调礼仪，不重视法。礼仪和法是相对的，"礼"带有更多的自觉性，带有更多的教育的性质，"礼教"形成一种"讲礼"的风气。而法更多的是强制，中国古代强调"礼制"，而不是强调法制。中国的法也有，而且在古代还很发达，但中国的法也有特点，即它似乎是专用来惩罚人的。一提法家就让人想起严厉、刻薄和无义无情来。所以，中国古代的刑法特别发达，民法不发达。对那些破坏社会制度、损害人民生命财产安全者惩治性很强，而那些财产纠纷、婚姻纠纷等老百姓日常间的冲突却不是付诸法律，而是由家族来处理，不惊动官府。由此可见，古代法规打击什么是很明确的，但它保护什么（老百姓的正当利益等理应置于它的保护之下）就不明确了。归结为一句，就是法制不健全。还有就是"义利"的观念，重义轻利，强调道德修养，强调主体性的自我完善，而不着重于物质利益。《孟子》开章第一句话，"王曰：'叟！不远千里而来，亦将有以利吾国乎？'"这话是很正常的，但孟子却当头一棒，说："王何必曰利？亦有仁义而已矣。"然后是对梁惠王的教训，最后他的结论是："上下交征利，而国危矣。"孟子把利和义对立起来，重义轻利。儒家文化追求的是自我的道德完善，孔子最好的学生颜回"一箪食，一瓢饮，在陋巷，人不堪其忧，回也不改其乐"，这是孔夫子对他的道德修养的称赞。轻利重义，当然有其积极性的一面，这种思想培养许多为正义、为民族大业而奋斗的有高尚人格的人，不重视个人享受，讲究气节，讲究人格，追求自我的道德完善，"富贵不能淫，贫贱不能移，威武不能屈"，不向权势低头。所以，在儒家所强调的"杀身成仁，舍生取义"的熏陶下，产生了一些英雄人物。但这种重义轻利也产生了其消极的一面，轻视商人，轻视商业，过分地、绝对地强调人的道德完善、道德修养，其结果就使人的正常的要求权利受到压抑，到宋元时就发展为"存天理，灭人欲"，人的欲望被消灭了。走到极端时，这种道德就变成对人的摧残。

以上是我对中国文化的粗浅感受。下面简单谈谈对本书的一些看法：

一百多年以来，中外学者、著名人士对中国人的国民性及文化做了大量研究、记述，有的一语中的、入木三分；有的见解肤浅、失之偏颇。但总的来看，这些论述在中国以及世界不少国家里均产生了广泛的影响，褒之者有，贬之者亦有，愤愤然者也不在少数。此书通过对这些论述的大量筛选，挑选了有代表性的各种人物的各种观点，汇编成册，以供国人研究参考。相信研究中国文化和中国人国民性的当代学者自会做出自己的判断，同时，我也寄希望于《中国民族性》（一）在实证研究的基础上，得出当代中国学者自己的答案。

河洛文化与中华文明

中华民族的文化经历长时期的发展，经世世代代创造积累，逐渐丰满充实、根深叶茂。从整体上说，中国文化在东亚独树一帜、光辉灿烂，具有特色，是人类文明中的奇卉丽葩；而分别地说，中华文明在各个时代和各个地域有不同的形态，汉唐文化有别于明清文化，中原文化有别于边疆文化，汉族文化有别于少数民族文化。中国各地区的文化，同中有异，异中有同，既有共性、普遍性，而在不同时段与不同空间，又呈现缤纷的特色。要深入研究中国的古代文明，既要从整体上把握其共性，又要分门别类、具体分析，去把握其在不同时段、不同地区中的存在形态，理解其历史性和区域性，这样才能深入领会中国文化的精髓和丰富内涵。

近年，区域文化研究势头正盛，对河洛文化的讨论也很热烈。大家各抒己见，畅所欲言，提出了新见解、新材料，通过对河洛地区文化内容的探讨去认识中国的伟大文明。这种研究当然很有意义，对区域文化进行精深的个别研究，将大大有助于加深对中华文明的整体认识。

以下，提出一些粗浅的看法。

一、河洛文化的地位和作用

河洛地区包括什么范围？我同意陈有为先生所说的大体上是黄河中游、洛水流域，包括伊、洛、瀍、涧诸河，也可以包括豫中、豫南。如何划定河洛地区的四至，这一点请河南的同志考虑，我对这里的山川地形不熟悉，说不出所以然。究竟范围稍大一点，还是稍小一点，这个问题可以继续研究。但是有一种意见认为区域文化只存在于秦统一之前，秦朝统一之后就不存在区域文化，所以河洛文化是指先秦时代产生在这一地区的文明。这个意见也有它合理的因素，即是说秦统一之后，文化的区域特色相对减弱了。但我不同意从此以后区域文化完全消失，因为中国是一个疆域辽阔、民族众多的大国，政治、经济、文化的发展极不平衡，即使在政治上统一了，但经济上并未拉平，文化上也各有特色，文化水平的高低、文化风格的差异，并不因为政治上的统一而就此消失。譬如我们经常讲的岭南文化、闽台文化、吴越文化、湖湘文化并不仅仅指其先秦时代，更主要的是指秦汉以后，甚至还有的区域文化形成于近代，如所谓"海派"文化，显然形成于上海开港之后。当然，区域文化是属于全国文化的一部分，各个区域文化有共性，它们联结成为一个不可分割的整体即中华文化，但又各有个性，这种不可抹杀的个性，使得中华文化更加绚丽多彩。

　　河洛文化是一种重要的区域文化，它在中华文化中占有非常重要的地位，它是中华文化的重要源头之一，并且在很长时间内曾处于领先和核心地位。河洛文化历史悠久，内涵丰富，影响深远。其新石器时代文化从裴李岗文化、仰韶文化、龙山文化到二里头文化，前后相接，形成连绵不绝的文明发展序列。在远古的中国，河洛地区的经济、文化处于领先的地位，这块土地养育了中华民族的先祖，影响了世世代代的中华民族子孙；这里的先进文化向周围地区传播辐射，谱写了中华文明早期的光辉篇章。河洛地区是中原之地，古称中州，四通八达，远古以来一直是中华民族活动的中心地区。据最近透露的消息，二里头有了重大的考古新发现。发现最早的宫殿遗址距今约五千年以前，也就是相当于炎黄时代的都城，或者说是远古都城的雏形，相传为夏代都城斟鄩以及商早期的都城，周公、召公在洛阳营造王城和成周，所谓"我乃卜涧水东，瀍水西，惟洛食"。以后周平王东迁于此，尽管东周衰微，其他各地文化发展起来了，但周天子所在的洛阳在大家心目中仍是政治、文化中心。楚国强大，楚庄王向中原扩展势力，称霸宇内，先后征伐陈、蔡、郑、宋等国，陈兵洛水，询问周九鼎的大小重量，大夫王孙满答复楚庄王"在德不在鼎……桀有昏德，鼎迁于商，载祀六百。商纣暴虐，鼎迁于周。……成王定鼎于郏鄏，卜世三十，卜年七百，天所命也。周德虽衰，天命未改，鼎之轻重，未可问也"。所谓成王定鼎的郏鄏即洛阳地区，这里是九鼎的宝地，楚国虽然兵强马壮，但跑到这里来觊觎九鼎，还不够资格，楚庄王碰了一个大钉子，可见九鼎和周室所在的河洛地区是人人注目的中心，孔子则说："如有用我者，吾其为东周乎。"可见东周和九鼎所在河洛地区的重要地位。此后东汉、曹魏、西晋、北魏建都于此，隋唐都城虽在长安，但洛阳是陪都，故称东都。特别是隋炀帝开通运河，役百万人扩建东都，这里更是繁华绮丽、人文荟萃。五代的后梁、后唐也建都于此，故洛阳史称"九朝帝都"。由于河洛地区的重要性，故河洛文化是中国古文化的源泉和核心之一。它对周围地区的文化发展影响很大，这里的先进文化向各地传播渗透，具有强大的辐射作用，又能吸收、包容周围地区的文化，具有凝聚、融合作用。这里在很长的时期内，仿佛像个文化的旋涡，同时具有向内聚吸和向外抛射的强大力量，推动着中华古文明的交流和发展。

二、关于河图洛书

河洛文化内容非常丰富，处处闪耀着光彩，能够引起历史的遐想。这次会议上提供的研究成果，有考古发掘的，有文献探索的，有实地调查的，真是琳琅满目、美不胜收。大家关心最多的是河图洛书，这是讨论的热点。什么是河图洛书？有的说是气象图，有的说是地理方位图，有的说是天文星辰图，有的说是数学公式，有的说是古代祭天的典礼，有的从考古学上解释，把它和安徽含山出土的玉版图相比较，也有的说太极图是黄河、洛河交汇处形成的清浊分明的水流旋涡，大家都力图寻求更多的根据来解释河图洛书之谜。我对河图洛书并无研究，但对这个问题饶有兴趣，认为可以继续探讨争论，真理将愈辩愈明。

对此，我粗浅的体会是研究《周易》和河图洛书，对历史上的象数派、图书派还不能简单否定。象数图书之学虽然有很多烦琐枝蔓和伪托臆说，但很难一概抹杀。当然，黄河、洛水中忽然冒出图和书，谁也不会当真看待，认为这是神话。但这一种神话被古人长期传说，究竟包含什么样的文化意义？《易·系辞》所说"河出图，洛出书，圣人则之"，《论语》所说"凤鸟不至，河不出图"，《竹书纪年》记载黄帝在河洛"修坛沉璧，受龙图龟书"，以及《礼记》《管子》《太玄》等大量古代典籍中都提到了河图洛书，至少古代人的观念里深印着"河出图，洛出书"的故事，如何进行解释？这个问题值得提出来进行研究。《周易》研究中从来有象数派与哲理派之分，所谓象数派是从宇宙万物的形象和抽象的数理来解释《周易》，表述其宇宙观和社会观，这在汉代学者中最为盛行，其末流搞得烦琐冗杂而且夹杂谶纬迷信思想。汉以后的义理派以王弼为代表，一扫象数派的弊病，从哲学思想上解释《周易》，探究世界和社会的本质问题。宋代又产生了图书派，讲所谓先天、后天、太极诸图。自从朱熹的《周易本义》中首列九图，图书派盛行了几百年，争讼不休。欧阳修对图书派就产生了怀疑，到黄宗炎的《易学辨惑》、胡渭的《易图明辨》，攻讦纷起，三拳两脚把图书派打翻在地，证明先天太极图既非伏羲所造，亦非龙马神龟带来，而是宋初道士辈陈抟等玩弄的把戏，并非儒学正宗。黄宗炎、胡渭等考证辨伪功不可没，证据确凿、立论有力，其学术成绩是大家公认的。谈河图洛书必须尊重清代学者的考据成果，在前人的研究基础上继续前进才能超越前人。带有神话色彩的古代图书传说在文化学上有什么意义？因何在后来衍出一个图书学派？又如陈抟、种放、邵雍、刘牧以及周敦颐这些人在创立图书学派方面起了什么作用？图书派对宋代理学以及中国人思想心态带来什么影响？对图书派不能因其作伪而不屑一顾，因为它毕竟是中国文史上一大公案。同时对黄宗炎、胡渭以及清儒的其他重要著作必须尊重，研究易学而不尊重已有的成果将使我们劳而无功，甚至走入歧途。《周易》是一部非常重要的经典，包含着古人深刻、丰富的思想，但本身亦有其局限。它是文明早期的作品，又和卜筮联系在一起，在神学的外衣下孕育着深刻敏睿的智慧，同时又有后人的附会臆测。对待这部书要很慎重，态度要严肃，"取其精华，弃其糟粕"，不要轻易信从伪书伪说，不要附加主观臆想，特别要排除其迷信和神秘的部分，不要把《周易》研究与算命、卜卦、看相、测字混在一起。同时还要注意防止把《周易》研究庸俗化、神秘化，必须坚持实事求是的科学态度，使《周易》与"图书学"的研究沿着健康的道路得到发展。

三、关于河洛文化的内涵

河洛文化的内容很丰富，首先在远古发展和传说方面有很多研究课题，中国跨入文明门槛的仰韶文化，最早即发现于离此不远的渑池县仰韶村。仰韶文化分布地区广阔，代表着我国文明发展的一个漫长阶段。

二里头附近发现史前时期的宫殿遗址，也许可以和炎黄时代联系起来，是探讨文明源头的重大线索。传说中的炎帝和黄帝都在河洛附近频繁活动，黄帝诞生于新郑，其陵墓在陕西，但一说在河南灵宝。此地发现的夏商周遗存星罗棋布、不可胜数，《史记·封禅书》记载"昔三代之居，皆在河洛之间"，表明这里是古代文明发生的源泉。

稍稍在后的《诗经》是中国古代文学的瑰宝，许多篇章产生于河洛地区，从二雅到郑、卫国风，大多是河南地区官方和民间的诗歌乐章，如果把《诗经》篇目做一个地理统计，河洛地区的作品必当首屈一指。

春秋战国时，中国文化格局发生重大变化，"学不在官府"，河洛之外的区域文化如齐鲁文化、荆楚文化、吴越文化、燕赵文化、秦陇文化等蓬勃发展。但处在中枢的河洛地区在百家争鸣中仍保持旺盛的生命力，老子的《道德经》即著作于此地，他虽非河洛人，但长期在洛阳管理周室图书，孔子也曾来问学，以后老子骑牛出关的函谷关就在附近的灵宝县境。

法家的创始人韩非是韩国公子，本地人，纵横家鬼谷子、孙膑、庞涓、苏秦、张仪都在这个地区活动。如果把视线转向秦汉之后，河洛地区继续在文化上领先，我们可以从各个方面分别进行考察。

第一个方面，是汉唐以后河洛地区的文物非常丰富，包括墓葬遗址以及建筑、碑刻、器物、壁画，多得不可胜计。洛阳的古墓博物馆集中了汉至明清的许多陵墓文物，是全国以至世界上少见的。洛阳保存唐代墓志铭有五千块以上，大大补充了历史记载的薄弱或空白环节，许多陶器、瓷器、青铜器及其作坊遗址，具有重要的研究价值。因此河洛文化不仅对研究中华文明的源头很重要，而且对研究汉唐后的文化也是很重要的。

第二个方面，从学术史的角度而言，中国学术上的两大学派即汉学和宋学，都在河洛地区酝酿、生长和形成。汉学主要指东汉的贾（逵）、马（融）、许（慎）、郑（玄），他们群集于当时的首都洛阳，这里有很多学术机构，如兰台、东观、白虎观、鸿都门、太学，都是文人学者讲学研经的场所，据说太学的讲堂长十丈、广三丈，太学生三万人，可见其学术的盛况。汉灵帝召诸儒刊定《熹平石经》，成为学术界的标准定本，"后儒晚学咸取正焉。及碑始立，其观视及笔写者千余人，填塞街陌，其碑为古文篆隶三体，立太学门外"。汉学大师都在这里讲经授徒，东汉的洛阳无疑是学术中心。

历史上另一个重要学派宋学也和洛阳结下了不解之缘。宋学代表程颢、程颐是洛阳人，当时二程之学号为"洛学"，洛学是宋学的中坚。提出先天后天、太极无极的陈抟、邵雍等也长期在洛阳活动。后来宋学才传到南方去，出现了朱熹和陆九渊。总之，河洛地区曾经孕育了汉学、宋学这两支中国学术史上的劲旅。

第三个方面，从文学上来考察，前面已经说到《诗经》的很多篇章产生于河洛地区。汉初的贾谊、枚乘，东汉的班固、张衡、蔡邕，都在这里活动；建安诗人曹植在这里写过《洛神赋》，曹丕的《典论》在这里刻石；巩义市郊有个竹林镇，是阮籍、嵇康等"竹林七贤"饮酒放论的地方；洛阳市内有金谷园，潘岳、左思、陆机、陆云等"金谷廿四友"在此论文会友，左思作《三都赋》使得"洛阳纸贵"。这些文坛故事使人缅怀当年的文化昌盛。唐代这里更是腾蛟起凤，俊才辈出，被誉为"诗圣"的杜甫即是巩义人，他的塑像矗立在我们这个会场的不远处；文起八代之衰的韩愈是孟县人，和此地也仅一河之隔；白居易虽非河洛人，却长期住在洛阳，《新唐书》说他"东都所居，履道里，疏沼种树，构石楼香山，凿八节滩，自号醉吟先生"，他死后也葬在洛阳。其他如元稹、刘禹锡是洛阳人，李贺是宜阳人，李商隐是沁阳人，名家云集，一个文化区域在短时期内产生这样多的知名人物实属罕见。

第四个方面，是历史学。东汉班彪、班固、班昭在洛阳修《汉书》，司马光罢职之日，与一批史学家也住在洛阳修《资治通鉴》。河南的史学家不少，修《后汉书》的范晔，修《南史》《北史》的李延寿，修《旧唐书》《旧五代史》的薛居正以及司马彪、宋祁等多为河洛地区人。

第五个方面，研究中国宗教史不能不提到洛阳。东汉时佛教从西域传来，第一个落脚点就在洛阳，洛阳白马寺即当年迦摄摩腾、竺法兰讲经宣教之所，这是保存下来的最早的佛教寺庙，鲁殿灵光，弥足珍贵。龙门石窟是中国三大佛教艺术圣地之一，从北魏至隋唐营造四百余年，佛像十万多尊，为我国文化艺术之瑰宝。巩义的石窟寺规模虽小，但造像亦很精致，还有全国闻名的少林寺，是中国武术所出。杨衒之的《洛阳伽蓝记》记载北魏时洛阳寺庙之多达一千三百六十七所。唐代最著名的法师玄奘即是偃师人，小时候在巩义出家剃度，还有名僧支遁是陈留人，神秀是开封人。

第六方面，洛阳的园林建筑也名噪全国。东汉有上林苑、芳村苑、灵囿等，魏明帝时开挖陂池，著名科学家马钧在此制作"水转百戏"。西晋石崇的金谷园极为有名，在汉魏古城西北的金谷涧中有"清泉茂林，众果竹柏"。隋炀帝在洛阳建西苑，范围广袤"周二百里"，苑内沿龙麟渠建十六所宫院。唐高宗和武则天时，洛阳的街市繁华与园圃之富丽，不逊于长安，读徐松《唐两京城坊考》可证。宋代的洛阳也是名流荟萃，园林甲天下，李格非《洛阳名园记》记载富豪董氏建筑的"东园""西园"花木繁荣，景色最胜，故而苏辙说洛阳"园圃亭观之盛，实甲天下"。

第七个方面，从中外文化交流的角度看，洛阳也起过重大的作用。这里作为九朝帝都，居住着一批从四面八方来的外国人，他们学习中国文化，自然也带来了外国外地的文化，促进了中国与周边国家的文化交流，如北魏建都于此，集中了许多外国人或周边各民族，"东夷来附者处扶桑馆，赐宅慕化里"；"西夷来附者处崦嵫馆，赐宅慕义里"；"四夷慕化之民万余家别立市于洛水南，号四通宅"（《河南志》

卷二），这是北魏的情况。推想汉唐两代交流的情况更加频繁兴盛。

从以上七个方面粗略来看，已能瞥见河洛文化具有十分重要的地位和十分丰富的内容。其领域广阔，缤纷多彩，既可以追溯中华文明之源，亦可以窥探中华文明之流。如果写一部《河洛文化史》，将是一部包罗广阔、富有特色的书籍，可以从一个地区比较集中地看到中华文明的产生、演变、推广，这对弘扬民族文化将会起到重要的作用。

四、河洛文化为什么衰落

宋代以后，河洛文化明显衰落。有的先生分析探讨其衰落的原因，一是北方民族入侵，统治中原地区；二是宋代理学兴起，束缚了文化的发展。我感到这两个原因固然也起了作用，但最重要的应该是经济上的原因。我国古代经济本来以黄河流域发展为最早，政治、文化也以中原地区为重心，经过长期的演变，长江流域的经济发展后来居上，超过黄河流域，经济重心南移，必将带动文化重心南移，河洛地区遂失去文化重心的地位。由此可见，文化的发展必须有经济基础，并得到经济的支持，振兴文化事业必须以经济建设为前提。至于北方游牧民族入侵，建立辽、金、元的统治，长期战争对河洛文化有破坏作用这一原因并非是决定性的。如果说河洛文化衰落是由于辽、金、元统治二三百年，那么怎么解释从西晋以后，经永嘉之乱，游牧民族进入中原统治几百年，中原板荡，衣冠南渡，河洛地区还保持光彩的佛教文明如龙门石窟，而且以后又出现唐代洛阳的文明盛况，达到非常辉煌的高峰。可见，游牧民族进入中原并未造成河洛文化的衰落，而经济衰落才是决定性的原因。另外，理学兴起似乎也难于解释河洛文化的衰落，理学虽然在河洛酝酿，但它成熟发展是全国性的，所谓濂、洛、关、闽四大派遍布于湖南、河南、陕西、福建各地，以后又有江西陆象山、广东陈白沙、浙江王阳明。福建同志发言说理学南传恰恰是振兴福建文化的契机，从杨时、蔡元定到朱熹，此后福建文化得到长足发展。为什么同样是理学，在河洛地区起了文化发展的阻碍作用，而在福建却起了促进作用呢？河洛文化中衰以后，明清时代文化比较发达地区恰恰也是理学盛行的江浙地区，可见理学对于文化中心转移不是直接原因。

总之，研究河洛文化，许多问题要深入探讨，也希望对各个区域文化的具体研究，能启发和加深我们对整个中华文明的认识。

关于河洛文化的四个问题

河洛文化是中华文化的源头。这些年，河洛文化的探讨和研究，在海内外引起了广泛的关注，取得了许多可喜的成果。这里，我想就河洛文化研究中的四个问题谈一点看法。

一、河洛文化的地位和作用

河洛地区是指黄河中游洛水流域（包括伊、洛、瀍、涧诸河）这样一个地区。河洛文化就是指产生在河洛地区的区域性的文化。区域性的文化，是中华民族文化的一个部分，是炎黄文化的一个部分，而河洛文化则是一个非常重要的组成部分。河洛文化起于远古，但截止的时间则有不同看法：有人认为到鸦片战争以前；有人认为区域性的文化只存在于秦朝大一统以前，统一以后就消失了，不必再提河洛文化。我认为说秦统一以后文化的区域性特点逐渐减弱是对的，但不能说完全消失。秦统一以后，我们中国还存在不存在区域文明、区域文化？这个问题是我们当前区域文化研究中必须首先考虑的。中国是个大国，国土非常辽阔，民族成分也很复杂，因此，政治、经济、文化在各个地区的发展是不平衡的。经济上的差异以及文化上的差异是长期存在的，这里面包括文化水平的高低、文化风格的不同等。这种文化差异在秦统一以后会削弱，会减少，但是并没有根本消失。因此秦统一以后，还是存在着区域性的文化的。如果研究区域文化只能研究秦统一以前，那么闽台文化怎么讲呢？显然就没法研究。因为闽台在秦统一以前还是很荒芜的地区，除了一些考古发现以外，谈不上很多的文化。我们去年开了一个闽台文化讨论会，讨论的就是秦统一以后，主要是明清及近代的闽台文化。当然，区域性文化是属于全国文化的一部分。各个区域性文化之间是有共性的，正是这些共性使许多区域性文化联系成一个不可分割的整体，联系成中华民族的文明。但是区域文化也有自己的个性，有它的地域色彩，它在语言、艺术、风格、风俗等方面都带有不同的特点，正是这些个性使得中华民族的文化更加丰富多彩，更加具有多样性。

河洛文化在整个中华文明中间居于什么地位呢？简而言之，河洛文化是中国文化的重要源泉之一，而且长期以来处于领先地位。说它是源泉，因为黄河是中华民族的摇篮，是中华民族重要的发祥地，河洛文化历史悠久，影响深远，七八千年来一直延续不断，前后相接，形成一个连绵不绝的文化发展系列。正是这样的一个长期发展的文化，哺育了中华民族的祖先，影响了世世代代的中华民族子孙。说它是个领先地区，因为河洛地区是中原地区，四通八达，从远古以来一直是我们先辈活动的一个中心，这里的文化发展领先于其他地区。偃师二里头遗址最近一个重大发现是宫殿遗址。这个宫殿遗址很可能是五千年以前政权中心的所在地。五千年以前是什么时代呢？正好是炎帝、黄帝活动的时代。夏、商、周三代的政治中心也都在这里。夏都斟鄩、阳城，就在登封一带。商都亳、隞也在河洛地区。至于周代，周公营造洛邑，见于古籍记载，后来平王东迁，这里就成为东周的首都。夏、商、周三代河洛都是政治的中心，也是文化发达的地区，确实是人文荟萃，腾蛟起凤。我们说河洛文化不是一般的地域性文化，而是中华民族文化的一个非常重要的组成部分，就是因为它对中华民族文化的形成和发展起着巨大的作用。这样一个地域性文化，对周围既有吸引作用，又有辐射作用。它既有强大的吸收、包容、凝聚的力量，把周围的文化收纳过来，又有把自己的文化传播出去，渗透出去，影响周围的地区的力量。就像有些学者所形容的那样，河洛文化，一面是很强大的推动力，把自己的文化推出去；一面是很强大的吸引力，把周围地区的文化吸过来，形成一个"旋涡"。这个"旋涡"，不仅促进了自身文化的发展，而且带动了周围文化的发展，所以说，河洛地区的文化在中华文明发展中确实起着巨大的带动作用。

二、河图洛书的研究

河图洛书，是河洛文化研究中一个重要的内容。河图洛书，千古之谜。这个问题涉及中国学术史上的一场公案。

中国古代有所谓河洛之学，这是指《周易》研究中的一个流派。据我所知，《周易》研究有两个流派：一是象数派，象数派是以万物的形象以及抽象的数字来解释《周易》，表述它的宇宙观、社会观、历史观。象数派研究《周易》在汉代最盛行，恐怕汉代的学者研究《易经》，基本上都是象数派。一是义理派，义理派是从哲学理论上、哲学思想上来解释《周易》，其代表人物就是王弼。王弼研究《周易》，一扫汉代象数派烦琐附会之弊。北宋初年，从象数派中间分化出了一个新的派别，就是图书派。从陈抟、邵雍、种放、刘牧到周敦颐、朱熹就是所谓图书派，并出现了"龙马负图""神龟背书"这样一些说法。这个问题六七百年来一直有着争论。北宋欧阳修第一个提出疑问：河图洛书究竟存不存在？以后历代的学者都提出疑问，到清朝初年，顾亭林、黄宗羲、黄宗炎、毛奇龄、胡渭这些学者，更对图书派进行了非常尖锐的、激烈的抨击。但是，这场公案看来并没有完全解决。这个问题牵涉面广，又很复杂，必须要经过长期的、深入的研究才能取得共识。比如，河图洛书究竟是什么？有的说是气象图、方位图，有的说是一种数学公式、数学方程。有的说是祭奠的典礼，有的则把河图洛书跟安徽含山出土的玉帛相联系，并找到考古学上的根据。也有的说，太极图象征着河洛交会的自然现象，这是因为太极图很像是黄河、洛河交汇形成的旋涡，通过这个自然现象触发灵感，伏羲才创造出太极和八卦。这许多说法都力图从科学的角度、从实际观测的角度进行论证、进行推论，有一定的道理。但是我感到论证还不够，还需要有更充分的论据，更圆满的说法。讨论中，我认为应该注意这样几点：

一是对于河图洛书，对于象数派、图书派不能简单否定。《易经·系辞上》说："河出图，洛出书，圣人则之。"《论语》上讲："凤鸟不至，河不出图。"《竹书纪年》里讲，黄帝在河洛修坛沉璧，受龙图龟书。这些书不是伪书。还有像《礼记》《管子》、扬雄的《太玄》，都讲到河图洛书。可见，河图洛书即河出图、洛出书这个观念是相当普遍。如果一定要说忽然从黄河和洛水中冒出了图和书，这对今天具有科学常识的人来说，是谁也不会相信的。但古代又普遍存在着河图洛书的观念，从文化现象学的角度该如何理解呢？我读到不少解释，言之成理，持之有故。但是要翻这一场千古公案，一定要有更坚实的证据。再者，简单地否定象数派、图书派也是不行的。当然，他们中间迷信的、烦琐和牵强附会的地方很多。但历史上不少学者，像汉代的京房、孟喜、郑康成、虞翻，都是研究《周易》的。北宋的陈抟、邵雍、朱熹，都是相信河图洛书的。到清代图书派不盛行了，但是像惠栋、张惠言、焦循这些研究《周易》的著名的学者、权威，他们也或多或少受汉代象数派的影响。所以对象数派等不可能一概抹杀。

二是我们的研究应该尊重、参考前人的成果。比如，清代对易学的研究，像黄宗炎的《易学辨惑》、胡渭的《易图明辨》，三拳两脚便把图书派打倒在地，证明先天太极图既非伏羲所作亦非龙马神龟所负出，而是宋初道士陈抟玩弄的把戏。他们的方法、证据相当坚实有力，达到了较高的水平。当然，他们也有静止、孤立地看问题的毛病，但他们的成果则是多年来学术界所公认的。再比如，像陈抟、种放、邵雍等，他们对河图洛书起了什么作用？河图洛书、先天后天、太极图书这些概念是远古就有的呢，还是后人附加的呢？这些带有神话色彩甚至带有迷信色彩的学说，它在文化学上面有什么意义？怎样进行科学的解释？这些都需要很好地研究。我们要超越前人，就要在前人的基础上超越，而不能回避他们的研究成果。

三是要科学地评价《周易》。《周易》是一部非常重要的书，包含着深刻的智慧、丰富的内容。但是《周易》也有它的局限性，因为这毕竟是人类早期的一部作品。《周易》成书的时代众说纷纭，但至少是文明早期的作品，它固然表现了深刻的智慧，但和占卜联系在一起，又有迷信的外衣，再加上后人的附会、臆测、伪造，就更为复杂。所以，这部书既有精华(这是非常明显的)，也有糟粕。我们使用《周易》、研究《周易》，一定要用一种非常慎重、非常严肃的态度，一定要有科学的头脑，取其精华，弃其糟粕，不要轻易相信一些伪书、伪说，不要随意进行主观臆测。读古书有时会食古不化，有时会不知不觉地下意识地成了古人的俘虏。我想特别是研究《周易》、河图洛书，本来它的内容精深玄奥，又带有迷信成分，就更应该小心。我们要防止把《周易》研究庸俗化，要排除它的迷信成分，排除它的神秘性的东西，不要把它与算命、打卦、看相、测字这一类混为一谈。如果这样，就不是研究《周易》，不是继承《周易》，而是糟踏了《周易》，糟踏了民族文化。现在社会上研究《周易》的人很多，但是有少数人的态度是不科学的，我们应当引以为戒。我看到许多学者把《周易》的研究跟现代科学衔接起来，运用现代科学以解释《周易》。这些解释能否成立，是否已经得到确证，可以讨论，但这种态度、这个路子是对的，应该坚持。

三、河洛文化的内涵

河洛文化的内容非常丰富，根深叶茂，包括各个领域。首先，从远古的发掘和传说方面来说，由早期的裴李岗文化起，到仰韶文化、龙山文化、二里头文化，夏、商、周的遗存可以说是星罗棋布。二里头的新发现可和炎黄时代相联系，这是研究中华文化起源的一个重要线索。传说中的炎帝、黄帝在这个地区活动。新郑是黄帝的出生地，黄陵（一说在河南灵宝）是黄帝的墓葬。一个在河洛之东，一个在河洛之西，中间就是黄帝活动的地区，这是显然的。炎帝也在这儿活动，炎帝的出生地离这里不远，在湖北的随州。夏、商、周均在这里定都，《史记·封禅书》说"昔三代之居，皆在河洛之间"，这反映了河洛地区是夏、商、周先辈们活动的中心地区。稍稍往后，说到《诗经》，这是我们中国诗歌的始祖。《诗经》中很多篇产生于河洛地区。如果做一下《诗经》地望的统计，河洛地区应该是首屈一指的。《国风》中著名的郑、卫之风当然是河南的作品。"二南"（周南、召南）中可能很多也是产生在河洛地区的。再往后到春秋战国。春秋战国时期中国文化格局有了一个大变动，除了河洛地区以外，周围地区的文化也蓬勃发展起来了。东边是齐鲁，孔夫子的地方；南边是楚文化，灿烂辉煌；西边是秦陇文化；东南是吴越文化；北方是燕赵文化，晋文化。就是这时，处在中心的河洛文化仍然处于文化前列的地位。道家文化产生在这里，老子就是在洛阳管理图书的，《道德经》可能也是在这里写成的。法家创始人韩非是韩国公子，本地人。纵横家中的鬼谷子、孙膑、庞涓以及苏秦、张仪都在这里活动，这个地方确实是人杰地灵。尽管文化格局有了大的变动，它在百家争鸣中却继续充满着活力，继续在发展。

其次，在秦汉以后，河洛文化仍然是充满光辉的。我们可以从几个方面来说明：

第一个方面，汉唐以下的文化遗产，包括地下的遗存、地面的遗存，寺庙建筑、古墓葬、古城址、古器物、碑刻、壁画等，在河洛地区不可胜数。洛阳有座古墓博物馆，不仅在全国绝无仅有，而且在全世界也是屈指可数的。洛阳有唐代墓志铭五千块以上。这样多的墓志铭可以填补历史上记载的许多空白，因为很多史书记载或者是不很详细，或者是不很准确的。至于古器物，像陶器、瓷器、青铜器、唐三彩等，更为丰富。这些重要的文化遗产，具有巨大的历史价值和艺术价值。

第二个方面，从学术史的角度来讲，中国历史上有两个重要的学派，一个是汉学，一个是宋学。这两个学派都跟河洛地区有很大的关系。汉学指汉朝特别是东汉的贾逵、马融、许慎、郑康成这一批人，这些学者的活动地区就在洛阳。都城洛阳当时的太学生最多时达到三万多人。汉学是一个重要的学派，源远流长，影响很大，它们的经学研究一直成为后世的经典。宋学早期的代表人物二程（程颐、程颢）就是洛阳人。所谓濂、洛、关、闽，洛是宋学的一个重要的源头。宋代理学对中国的影响很大，对中国文化传统、对塑造中国民族性格起了重大的作用。当然，这个作用是正面的呢，还是负面的呢？如何公正地、实事求是地评价，是另外一个问题。这里我只是说明汉学和宋学两大学派跟河洛地区有密切关系，或者说是河洛地区孕育了、产生了这两大学派。

第三个方面，从文学和史学的角度来讲，河洛地区也有重大的贡献。中国的一部文学史，如果除开河洛地区，那就黯然失色。前面说过，《诗经》的许多篇章都是产生在河洛地区的。到了汉代，贾谊、枚乘，以至汉末的蔡邕、曹植，这些文学家都在河洛活动；这里还有既是科学家又是文学家的张衡。曹植的《洛神赋》是在洛水写成的。河南巩义有个竹林镇，"竹林七贤"好像也应该是在这一带活动。晋代左思作《三都赋》，一时"洛阳纸贵"。到了唐代，众多的诗歌大师、文学大师都出在河洛地区，可以说是群星灿烂。杜甫是巩县人，韩愈出生在黄河边上的孟县，元稹、刘禹锡是洛阳人。白居易虽然不是洛阳人，但是他的墓在洛阳，洛阳的香山寺是他建的，所以又名白香山。李贺是宜阳人，李商隐是沁阳人，画家吴道子是禹县人。在河洛地区，为什么会在这样一个不算长的时期之内出这么多名人？这种文化现象很值得我们研究。史学方面，像班固、班彪，他们是扶风人，但是在洛阳修史。司马光的《资治通鉴》是在洛阳写的，原稿曾在洛阳存放相当长的时间。此外，像修《后汉书》的范晔，修《南史》《北史》的李延寿，《续汉书》的司马彪，修《旧唐书》《旧五代史》的薛居正等，都是著名的史学家。河洛地区无论是文学还是史学以及绘画艺术都称得上大家辈出。

第四个方面，从宗教方面来讲，河洛地区也很丰富，很有特色。中国最早的白马寺，是迦摄摩腾、竺法兰讲经的地方，白马驮经，佛教开始传入中国。鲁殿灵光，岿然独存。龙门石窟更是佛教的三大艺术圣地之一，巩义石窟也达到很高的水平。还有全国闻名的少林寺，也在这里。《洛阳伽蓝记》上记载了北魏时期洛阳的寺庙，一共有一千三百处之多。洛阳是佛教的文化中心，著名的高僧玄奘就是偃师人。

从上述可见，河洛文化源远流长，内涵丰富多彩，涉及哲学、文学、宗教、艺术、建筑、民风习俗等诸多方面。我们真可以写一部《河洛文化史》，从一个地区比较集中地考察我们中华文明产生、演变、发展的过程，这对于弘扬民族文化会起到重大作用。

四、河洛文化的衰落

北宋以后，河洛文化中衰。为什么衰落？有学者提出三个原因：第一，游牧民族进入中原，游牧民族与农耕民族的斗争，辽金的统治造成河洛文化的衰落；第二，水耕农业代替了旱耕农业，南方经济上去了，经济中心南移，河洛经济衰落了；第三，理学的束缚。

我认为第二个原因是主要的。南方经济的发达，经济重心的南移，必然带动文化重心的南移。经济重心的南移比较早，中唐以后，实际上南方经济已经超过了河洛地区。但文化重心的南移，还晚了一段时间。由于经济重心的南移，使得河洛地区逐渐在文化上失去了中心地位，从此一蹶不振。因此，可以说，文化的发展，必然要有经济的支持，没有经济的支持，文化就不可能得到发展。游牧民族进入中原，对文化造成不利影响，这样说有一定道理。但我认为不是主要原因。如果说河洛文化的衰落是由于辽、金、元的统治，那么，西晋以后，永嘉之乱、"五胡乱华"，同样也是游牧民族进入中原地区，也是游牧民族统治河洛（统治了几百年），河洛文化为什么还保持着兴盛状态呢？像巩义石窟、龙门石窟都是那个时候修造的。特别是到了唐代，很快就复兴了，达到了更辉煌的高峰。可见，游牧民族的进入不会导致文化的必然衰落，经济衰落才是文化衰落的真正原因。另外，理学的兴起，似乎更难解释为河洛文明衰落的原因。理学是否能有那么大的束缚作用，且置之不论。我想，理学虽然是在河洛地区产生的，但是它的成熟、发展则是全国性的。除了濂、洛、关、闽四个地区以外，又有江西的陆象山、浙江的王阳明、广东的陈白沙、湖南的张栻这样一些人。宋明理学遍布全国，并不是河洛地区一个地方所独有。理学的南移，通过杨时、蔡元定、朱熹传到福建，恰恰造成了福建文化的振兴。同样是理学，为什么在河洛地区起到束缚阻碍作用，而到福建反而起到振兴作用呢？再如，明清时代，文化的发达地区是江浙，而江浙恰恰是理学盛行的地方。王阳明是浙江人，泰州学派是在江苏。所以，用理学束缚来解释河洛文化的中衰是不容易说通的。

18 世纪的"东成西就"

——《四库全书》和《百科全书》

　　今年是法国大革命的二百周年，当革命的风暴在巴黎卷起，一时飙举霆击，扫荡了法国和欧洲的封建制度，很快改变了各国的政治局面，揭开了全球历史新的篇章。

　　法国大革命的发生是和革命前夕一大批思想敏锐、才华焕发的先进思想家的活动分不开的，其中包括伏尔泰、孟德斯鸠、狄德罗、卢梭、爱尔维修等，他们鼓吹无神论或自然神论，反对政府专制和宗教迷信。在编撰《百科全书》中，他们集结成为启蒙思想的大军。思维的理性成了衡量一切现存事物的唯一尺度，政府、社会、宗教、学术，一切都要站到理性的审判台前，辩明自身存在的价值。在一定意义上说，法国大革命正是百科全书派所宣布的思想原则的实践和展开。在纪念法国大革命之际，大家当然不会忘记这些启蒙思想家的巨大贡献。

　　正当法国思想家在孜孜不倦地编写《百科全书》的时候，中国的一部最大书籍也将开始编纂，这就是著名的《四库全书》，它是保存和整理我国古代文化遗产的巨大汇编。《百

科全书》于 1751 年开始出版，二十八卷全部出版完毕是在
1772 年，即清乾隆三十七年，这一年清政府正下令在全国
征集书籍，第二年（1773 年）开设四库馆，进行规模浩大的
修书工作。法国《百科全书》的补编五卷、索引两卷分别于
1777 年（乾隆四十二年）和 1780 年（乾隆四十五年）出版。
1781 年（乾隆四十六年），《四库全书》的第一部，即文渊
阁《四库全书》告成。《四库全书》全部完成于 1787 年（乾
隆五十二年），两年之后，法国爆发了惊天动地的资产阶级
革命。东西方两部鸿篇巨著在 18 世纪下半叶先后修纂，接踵
告成，可称是同一时代的产儿。

　　两部书都是工程浩大的集体作品，代表东西方文化发展
的成就。但它们产生的社会背景，编纂的宗旨、目的，以及
在体例、方法、内容、影响等各方面是很不相同的。两书之
间的差异是那么巨大，犹如 18 世纪东西方社会以及中华民族
和法兰西民族之间的巨大差异一样。

一

　　《四库全书》和法国《百科全书》是迥然不同的两种书籍。
前者的着眼点在收集、保存前人已经撰写的书籍，用力于"汇
编"。而后者的着眼点在综合过去的知识成果，加以阐述发
挥，用力于"撰写"。《四库全书》是把已有的书籍搜罗集中、
考证校勘、分类提要，共收书三千五百余种，存目六千七百

余种，其特点是"博大"。编纂工作由清政府主持，第一步
工作是把现存的书籍全部收集起来。从清乾隆三十七年谕令
全国征书，几年之内各省进献图书一万三千余种，其中很多
是善本、孤本，加上宫廷藏书，已极为丰富。还有一件很有
意义的工作，即从《永乐大典》中辑录已经散佚的书籍。如
邵晋涵辑薛居正的《旧五代史》先据《永乐大典》各韵部所引，
"甄录条系，得十之八九"，又从类书、史籍、说部、文集
中辛勤采摘，使已经失传的《旧五代史》恢复原貌。在许多
学者的长期努力下，三百八十余种古书失而复得，传为我国
学术史上的佳话。

　　《四库全书》所收书籍都经过大量考证。鉴定版本、辨
别真伪、考析篇章、校勘文字，进而"分别流派，撮其要旨，
褒贬评述，指陈得失"。因此，《四库全书》并不是简单地
把许多书籍凑集誊写，而是做了大量的研究，对中国古代文
化做了大规模的清理和总结。例如，戴震校郦道元的《水经
注》，该书长期流传，辗转抄录，经注混淆，讹误不可卒读。
戴震经过细致的研究，发现了区别经文和注文的三条原则，
按照这三条原则，长期混淆的经和注可以清楚地区分。段玉
裁说："得此三例，迎刃分解，如庖丁之解牛，故能正千年
经注之互讹。"[1]可见这样的校书工作实际上是很有价值的
创造性劳动。又如《四库全书》子部首列《孔子家语》，旧
称传自孔子后裔，《汉书·艺文志》虽曾著录此书，然书实

---

　　[1] 《戴东原年谱》。

已散失，后世所传乃魏王肃的伪作，《四库全书》提要列举了许多理由，明确判断"其出于肃手无疑"[①]。《四库全书》的编纂中，像这类研究成果是很多的。

《四库全书》由于卷帙浩繁，不能雕版印刷，只能誊写缮录。共缮录七部书，分贮于北四阁（内廷文渊阁、圆明园文源阁、避暑山庄文津阁、沈阳文溯阁）和南三阁（扬州文汇阁、镇江文宗阁、杭州文澜阁）。书手开始是从乡试落第的士子中挑选，后来发内府帑银雇用，历时十余年，前后参加缮写人员共三千八百多人，七部书共缮写一千六百万页。该书缮写格式每页十八行，每行二十一字，七部书共六十亿字，这是历史上从未有过的巨大文化工程。

法国《百科全书》编写的起因是出版商出于营利的目的，要翻译张伯斯的《艺术与科学大辞典》，此书于1728年用英文出版，商人们委托著名的法国思想家狄德罗主持译事。狄德罗认为：当时科学文化的发展已突破了张伯斯所编书籍的内容，已无翻译的必要，应该用新的观点和成果重新撰写一部书籍。于是，以狄德罗为主编、达朗贝尔为副主编，集结了一批学者、能够囊括一切领域的知识精英，从事《百科全书》的编撰。工作延续二十多年，开始计划出十卷，后扩充至二十八卷，包括十七卷条目正文和十一卷表格插图。

一开始，狄德罗就拒绝了官方的干预。法国司法部部长阿格索向他提出，编撰工作可以得到国王路易十五的支持，

---

① 《四库全书总目提要》子部，儒家类，《孔子家语》条。

狄德罗断然拒绝。他说："如果政府参预这项工作，工作就无法完成。君主一句话可以叫人在荒草中造出一座宫殿，但一部百科全书不能凭命令完成"①。

《百科全书》在十分困难的条件下开始撰写，狄德罗和达朗贝尔的工作很繁重，构筑框架，设计条目，确立整体思想，组织写作，直到修改、定稿、付印、校对，都要亲自参与。而出版商只给狄德罗交付月薪一百里弗，撰稿者的酬金也很微薄，就像房龙所说："重要书籍总是由一贫如洗的学者们编写的。他们靠每星期八美元过活，劳苦钱还不够买纸和墨水"②。

1752 年，《百科全书》出版两卷，触犯了统治阶级的忌讳，即遭查禁。不久开禁后又出版至第七卷，1759 年再遭查禁。《百科全书》的命途多舛，在巴黎不能公开出版。官方认为它亵渎上帝、危害道德、攻击宗教，御用文人和教会势力写了许多文章、诗歌、戏剧冷嘲热讽。"对于法国统治集团中的顽固分子来说，《百科全书》是个恶魔。每出一卷都要遭到厚颜无耻的攻击"③。但与反动势力的愿望相反，疯狂的攻击只能使狄德罗等更加声名远播，《百科全书》不胫而走，印数激增。由于在巴黎被禁，狄德罗改组了编辑部，继续秘密撰写下去。德皇腓特烈和俄国女皇叶卡捷琳娜怀着各自的目的，邀请狄德罗将《百科全书》移至柏林和彼得堡继续出版，

① 安德烈·比利：《狄德罗传》，第64页，北京，商务印书馆，1984。
② 房龙：《宽容》，第344页。
③ 《英国百科全书条目选译》，《百科全书》条。

而狄德罗却谢绝了邀请，坚持在巴黎工作下去，终于争取再次解禁，于1772年将二十八卷出齐。

二

在《四库全书》和《百科全书》周围，集结了当时最优秀的知识分子。列名《四库全书》的编纂者多达三百六十人，分别担任总裁、纂修、校阅、提调等职，其中有乾隆皇帝的三个儿子和大学士、尚书等，又有大批翰林院的检讨、编修、庶吉士。贡献最多的是总纂官纪昀，毕生精力耗费在编纂工作中，他"学问渊通，撰《四库全书提要》，进退百家，钩深摘隐，各得其要旨，始终条理，蔚为巨观"[1]。和纪昀同任总纂官的陆锡熊始终其事，用力亦多，"考字画之讹误，卷帙之脱落，与他本之互异，篇第之倒置，靳其是否不谬于圣人，又博综前代著录诸家议论之不同，以折中于一是，总撰人之生平，撮全书之大概"[2]；另一任总校官的陆费墀，后任全书副总裁，制定馆务的各项条款章程，组织编纂、誊录和校阅工作，"综核稽查，颇能实心勤勉"[3]。此外，著名学者戴震，以举人身份，破格征召入馆，"馆中有奇文疑义，辄就咨访，震亦思勤修其职，晨夕披检，无问寒暑，经进图籍，

① 《清史稿》列传一〇七。
② 王昶：《春融堂集》卷五五，《陆君墓志铭》。
③ 《办理四库全书档案》，乾隆三十九年十一月十三日上谕。

论次精审"①。邵晋涵"善读书，四部七录，靡不研究""尤长于史"②，史部提要的草稿，多出其手。周永年始作《儒藏说》，为编纂《四库全书》之先声，"在书馆好深沉之思，四部兵农天算术数诸家，钩稽精义，襄讦悉当"③。他辑录《永乐大典》，极为勤奋，所存一万八千卷大典，翻阅殆遍，"丹铅标识，摘抉编摩"，所辑文集多种，皆前人所未见。翁方纲也是有名的诗人、书法家、金石家，"宏览多闻，于金石谱录、书画词章之学，皆能抉摘精审"④。他所写《四库全书总目提要》的草稿，至今尚保存九百余篇。

在《四库全书》馆内，汉学家占据主导地位。这一学派，尊重汉儒的学说，研究古代典籍从文字、音韵、训诂入手，长于考据、校勘、辑佚，反对穿凿附会，反对宋明理学家空谈心性，其治学态度较切实，方法较缜密，其缺点是烦琐和脱离实际。四库馆是乾嘉学风的发源地，也是考据学派的大本营。但馆内存在宽松、良好的学术风气，不同学派之间能平心静气地讨论问题。如翁方纲记载他的工作情况："每日清晨入院，院设大厨供给桌饭，午后归寓。以是日所校阅某书应考某处，在宝善亭与同修程鱼门（晋芳）、姚姬传（鼐）、任幼植（大椿）诸人对案详举所知，各开应考证之书目，是午携至琉璃厂书肆访查之"⑤，程晋芳、任大椿都是著名的

① 《清史稿》列传二六八。
② 同上书。
③ 同上书。
④ 《国朝先正事略》卷三五。
⑤ 《翁氏家事略记》。

127

汉学家，而翁方纲、姚鼐则是汉学的激烈批评者，但相互之间尚能"对案"商讨，交流学术，颇有点像百科全书派的学者们在沙龙中的定期聚谈一样。

《百科全书》的编撰也团聚了许多杰出学者，撰稿人多达一百六十人。他们的观点各有不同，从自然神论到无神论，从开明专制论者到民主主义者，但他们博学多才，熟知一切领域的知识成就。主编狄德罗至少撰写了一千二百多个条目，涉及面十分广博。他一心扑在这部书上，耗尽了精力，"一个重要问题不断折磨我，使我头昏脑涨，我走在街上也想着它，它使我和人相处时心不在焉，它使我在最主要的工作中停步不前，它使我在夜间无法入眠"，"要使作品得以出版还有许多工作：有润饰工作，这是最棘手、最困难、使人衰弱、劳累、厌烦的、没完没了的工作"[1]。副主编达朗贝尔学习法律、医学，通晓数学，写过天文学、动力学著作以及哲学讲义、音乐教程，学问渊博，为狄德罗分担了编辑和修改工作。后期的副主编若库尔也是个医生，但也研究过哲学、历史、考古学、文学、地理、自然科学，狄德罗称说"自他青年时起，对人间各类知识就产生了兴趣"[2]。其他撰稿人都是法国启蒙运动的杰出思想家、当时照耀着欧洲天空的灿烂群星，如伏尔泰是法国思想界的泰斗；孟德斯鸠是著名的哲学家、法学家，三权分立学说的倡导者；卢梭是民主主义思想家、

---

[1] 安德烈·比利：《狄德罗传》，第267页。
[2] 同上书，第308页。

社会契约论的宣扬者；爱尔维修是无神论者、唯物主义的杰出代表；布封是自然科学家、进化思想的先驱者；孔狄亚克是洛克哲学的继承者；孔多塞是百科全书派最年轻的撰稿人、后来法国大革命中的吉伦特派；魁奈和杜尔阁是经济学家；还有重农学派的创始人、文学家马蒙泰尔，神父莫雷列、库尔廷文，德国男爵、著名的唯物主义者霍尔巴赫等。在巴黎拥有财富和产业的霍尔巴赫定期开设沙龙，接待《百科全书》的撰稿人，"整个下午在十分激动的情绪中吃喝、争论。基督教教条之荒诞，教士之奸诈，他们暗中伤风败俗，宗教狂所特有的残忍，排斥异己的罪行，教廷之不合理和令人不快的性质，全部被毫不留情地拿来同泛世自然伦理所具有的正直优美相对照。灵魂不朽、对死亡的恐怖、自杀、宗教是否对伦理和政治是必要的，玻璃制造、矿物学、冶金化学、地质、矿业、农业，这些问题也并非不受'犹太会堂'（百科全书派沙龙的绰号）常客们的关注"①。参加沙龙的人们意见和观点不尽一致，他们之间经常发生激烈的争论，有时甚至反目，例如狄德罗和卢梭之间、狄德罗和达朗贝尔之间的失和。但他们的研讨和争论恰好磨砺了指向封建主义的刀剑。当时，自由平等的要求激动着法国民众的心灵，传统的权威摇摇欲坠，政治、理论、宗教、科学、文艺，一切都要重新估价，这一正在法国高涨起来的民主革命思潮，是《百科全书》同人们的共同信念和最高理想。

① 安德烈·比利：《狄德罗传》，第 127 页。

三

《四库全书》和《百科全书》都有一个宏伟的理想，即要囊括前人的知识成果。两书以不同形式对繁复的人类知识体系进行探讨和分类，粗泛看来，其分类亦有相似之处。《四库全书》的经部与子部，相当于《百科全书》中的宗教和哲学类；《四库全书》中的史部相当于《百科全书》中的历史类；《四库全书》中的集部相当于《百科全书》中的诗类。但如果仔细分析，两者有很大的不同，《四库全书》是汇集书籍的丛书，它的分类是书籍的分类，属于目录学范畴，而《百科全书》以各门知识的统一为基础，勾画了一个包罗万象的学科分类体系。两书分类的不同，既是体例上的差异，也是东西方知识结构的差异。

《四库全书》继承了《中经新簿》和《隋书·经籍志》的传统，把全部书籍分成经、史、子、集四大部，四部下分四十四类，有的类下分立子目，共六十六子目。根据书籍的实际情况，对传统的分类法变通损益，多所改进，强调"古来有是一家，即应立是一类，作者有是一体，即应备是一格"①。在四部和类目之下又写成序录，论述每类书籍的内容、体例的演变，使全书包罗宏富而分类清楚、次序井然，形成一个有机的整体。书籍的分类，从一个侧面反映了中国古代

---

① 《四库全书总目提要》卷首，《凡例》。

的文化成就和知识结构。中国文化着重伦理和政治关系，忽视自然科学、生产技术、商业工艺和民间文艺，古籍很多以注释儒家经典的面目出现，经部特别膨胀，史部著作亦多。在四库馆臣看来，经、史二部是最重要的学问，"学者研精于经，可以正天下之是非；征事于史，可以明古今之成败。余皆杂学也"①。我国古代自然科学不发达是造成四库分类缺陷的重要原因，而纂修诸人的忽略，使我国有限的自然科学著作未能在《四库全书》中得到充分反映。全书中虽然著录了经戴震的努力从《永乐大典》中辑出的古代算书，也收进了利玛窦和徐光启合译的《几何原本》等西方的科学著作。但像明末宋应星所撰《天工开物》，总结了我国农业手工业的技术成就，内容丰富、系统，却未被《四库全书》收录，连存目中也未列入。我国很早发明和运用珠算，明人程大位所撰《算法统宗》，是我国仅有的一部研究珠算的书籍，《四库全书》亦未著录，只列存目。理由是"其法皆适于民用，故世俗通行，惟拙于属文，词多枝蔓，未免榛楛不翦之讥"②。这样一部有价值的著作，仅因"词多枝蔓"而遭摒弃。四库馆臣对民间文艺更加鄙薄，虽有"词曲"一类，但认为"词曲二体，在文章、技艺之间，厥品颇卑，作者弗贵，特才华之士以绮语相高耳"③。词曲中又扬词而抑曲，词类尚收词集、词选、词话、词韵、词谱，而曲类只收品题、论断及中原音

---

① 《四库全书总目提要》，子部，总叙。
② 同上书，子部，天文算法类存目，《算法统宗》条。
③ 同上书，集部，词曲类，小序。

韵三种书。元明清三代，戏曲传奇极为发达，形成文学史上的一大特色，《四库全书》却一概不录，反而批评王圻的《续文献通考》"以西厢记、琵琶记俱入经籍类中，全失论撰之体裁，不可训也"①，其识见更在王圻之下。《四库全书》虽列小说家类，此类书籍，叙述杂事，记录异闻，缀辑琐语，和今天所说文艺创作的小说是不同的。至于源自话本的《三国演义》《水浒传》《西游记》，以及清代的《聊斋志异》《红楼梦》被视为"猥鄙荒诞，徒乱耳目"，当然都在摒斥之列。

狄德罗在当时自然科学和社会科学发展的基础上，相信关于世界知识的统一性，要使各门知识都成为统一的科学的具体组成部分。尽管《百科全书》的知识分类从今天来看缺陷很多，不适应用，甚至有的显得离奇古怪，例如有人讥讽它把制锁业归入记忆类，把驯隼术归入理性类。但它毕竟包罗宏富，知识领域宽广而较全面，具有近代知识结构的雏形。《百科全书》继承了培根的知识分类体系，把人类知识分为来源于记忆的历史，来源于理性的哲学和神学，来源于想象的诗。历史之下有圣贤史、民众史、自然史，哲学之下有人文科学（道德、教育、政治、法律）和自然科学（数学、物理、化学、医学），诗之下有诗歌、音乐、绘画、建筑、雕刻、戏剧。狄德罗的意向是要创立一个无所不包的科学、艺术、工艺的知识分类谱系，在这个谱系中，每门学科都有相应的位置，以显示我们知识之树的总干和各个分支。这个知

---

① 《四库全书总目提要》，集部，词曲类，小序。

识分类谱系曾在《百科全书》第一卷中加以描述，并贯穿于全书的条目、表格和插图之中。其显著特点是十分重视正在蓬勃发展的科学技术。此书定名为《百科全书——科学、艺术和工艺详解辞典》，把科学和工艺明确地标明在书名上。《百科全书》的撰写者不少是著名的科学家和在实际岗位上的工艺师，后人称赞狄德罗"在人类历史上破天荒第一次像我们现在通常做的那样吸收有经验的实际工作者来同著作家合作"[1]。狄德罗非常重视在当时生产中日益重要的机器性能和工艺流程，他在《百科全书》的《大纲》中写道："有些工艺很特殊，操作很复杂，如果不亲自干，不亲手转动一下机器，不亲眼看看零件的装配，就很难准确地加以描绘。因此，我们往往自己搞到机器，自己当学徒，制作蹩脚的模型。"《百科全书》的另一个特点是现实性很强，不仅总结过去达到的文化成果，而且反映了法国当时的社会生活，展现了经济、政治、生产、生活多方面的情况，涵盖面很宽广，它是 18 世纪法国社会的一面镜子。一位伯爵曾向路易十五称赞此书的优点，他说："陛下，您多么幸运在您的统治下有人能够研究一切领域里的知识，在这部书里，可以找到一切，从别针的制作方法直到铸造大炮和瞄准射击的方法，从无限小到无限大"[2]。

---

[1] 阿基莫娃：《狄德罗传》，第 148 页，北京，生活·读书·新知三联书店，1984。

[2] 安德烈·比利：《狄德罗传》，第 139 页。

四

　　《四库全书》和《百科全书》的最重要差异是在指导思想方面。《四库全书》是清朝政府主持编纂的，自然站在官方立场上，编纂的目的是有助于巩固封建主义思想统治，所谓"稽古右文，聿资治理"。所以，著录的书籍并非兼收并蓄，而有严格的取舍标准，这个标准就是乾隆谕旨中所说："阐明性道治法，关系世道人心者自当首先购觅，至若发挥传注，考核典章，旁暨九流百家之言，有裨实用者亦应备为甄择，又如历代名人，洎本朝士林宿望，向有诗文专集及近时沉潜经史，原本风雅……并非剿说卮言可比，均应概行查明"①，如果违反或稍稍背离此项标准则只存其目，不录其书。《四库全书》著录的书籍达三千五百余种，存目的书籍六千七百余种，存目几达著录的两倍。对于著录及存目的书籍都分别撰写提要，提要除叙述作者的简历和书籍的源流、篇章文字的异同之外，最重要的是评论书籍的是非得失，评论的标准亦以皇帝的意见为转移。乾隆说："朕命诸臣办理《四库全书》，亲加披览，见有不协于理者……即降旨随时厘正，惟准以大中至正之道，为万世严褒贬，即以此衡是非"②，亦即《凡例》中所说："宏纲巨目，悉禀天裁，定千载之是非，

---

　　① 乾隆三十七年正月初四日上谕。
　　② 乾隆四十二年十月初七日上谕。

决百家之疑似"①，这一官方的评判立场，给《四库全书》造成了重大的损害。

《四库全书总目提要》是众多学者的精心撰著，固然有很高的学术价值，但也充满着卫道者的偏见。如东汉的唯物主义思想家王充所著《论衡》，因其中有《问孔》《刺孟》二篇，《提要》称其"露才扬己""其言多激""奋其笔端以与圣贤相轧，可谓悖矣"②。明代的进步思想家李贽、焦竑，四库馆臣对他们毫无好感，说"二人相率而为狂禅，贽至于诋孔子而竑亦至尊崇杨墨，与孟子为难，虽天地之大，无所不有，然不应妄诞至此"③；又称才士祝允明"放言无忌，持论矫激，圣人在上，火其书可也"④；称袁宏道"矜其小慧，破律而坏度"⑤。像这类偏颇不公正的评论，在《四库全书总目提要》中是相当多的。所以鲁迅先生提醒我们，此书"是现有较好的书籍之批评，但须注意其批评是'钦定'的"⑥。正是由于这一官方的指导思想，在编纂《四库全书》的同时发生了禁毁书籍事件，清廷在全国征书过程中发现大量所谓内容"悖逆"或有"违碍词句"的书籍，不是焚毁劈板，就是删改挖补，当时禁毁书总数达三千一百多种，其数量和《四库全书》著录的书籍几乎相等，形成我国文化事业的一次浩

① 《四库全书总目提要》卷首，《凡例》。
② 同上书，子部，杂家类四，《论衡》条。
③ 同上书，子部，杂家类存目二，《焦弱侯问答》条。
④ 同上书，子部，杂家类存目一，《祝子罪知》条。
⑤ 同上书，集部，别集类存目六，《袁中郎集》条。
⑥ 许寿裳：《亡友鲁迅印象记》。

劫。

法国《百科全书》的情况完全不同。编撰者不受官方束缚而自由表达自己的思想，他们的评价标准是普遍理性和人性，让人在《百科全书》中占统治地位，他们鼓吹民主、自由，主张天赋人权，人的尊严不容侵犯，人的权利不容剥夺。为了使得《百科全书》能够继续出版下去，他们也常常用隐晦、曲折的语言来表达自己的意见，但在许多条目中，"异端"思想还是鲜明地表露出来，因此，《百科全书》一再被查禁，几乎夭折。例如，狄德罗所写"农业""狩猎"，魁奈所写"农场主"，杜尔阁所写"税收"等条目中，揭露了当时法国经济衰退，大批农民丧失土地、贫困无告，而政府苛捐杂税，民不聊生。又如在"政治权威"条目中，狄德罗宣称"自由是天赐的东西，每一个同类的个体，只要享有理性，就有享受自由的权利"，他和《百科全书》的另一位撰稿人、"社会契约论"者卢梭的观点一样，说君主的权威"只是凭着臣民的选择和同意，君主决不能运用这种权威来破坏那个使他获得权威的法规或契约"①。在"暴君"这一条目中，狄德罗指斥"滥用权力，践踏法律，将属下臣民变成自己各种欲望和无理贪求的牺牲品"的"暴君"，是"折磨人类的最致命的祸害"②。显然，《百科全书》团聚和联合了一批启蒙思想家，高扬理性的精神，他们触摸到新时代的脉搏，并为其降临而努力奋斗。《百科全书》不仅仅是一部书籍，

———————————

① 《百科全书条目选辑》，"政治权威"条。

② 同上书，"暴君"条。

而且是政治、经济和文化纲领，它具体陈述了不久以后将统治整个世界的那些思想，为法国大革命铺平了道路。所以，有人评论说："《百科全书》是众书之书，是当时法国生活的镜子和轰击旧制度的攻城武器"[1]，"对于十八世纪中教士中的保守分子来说，这部书就像吹响了走向毁灭、无政府、无神论和无秩序的嘹亮号角"[2]。

五

当《四库全书》和《百科全书》分别在中、法两国编撰的时候，东亚和西欧已航路初辟，经济文化的交流已开始。明清之际，大批耶稣会传教士来到中国，他们在东西方之间架设了交流的桥梁。通过耶稣会士的介绍，中国人开始对西方的科学文化有所了解，而西方的许多先进人士也对中国和中国文化怀抱强烈的兴趣，在《四库全书》和《百科全书》中保留了东西方文化交流和相互影响的早期痕迹。

百科全书派通过传教士所写的作品，发现了远方中国的许多新鲜事物。中国的文明对百科全书派学者具有重大意义，因为，在遥远的东方存在这个不属于基督教的文明古国，这就证明了人类不需要基督教也能够创造出辉煌的文明，这一点大大地加强了百科全书派反对教会的立场和论据。百科全书派的学者对中国文明的评价各不相同，大多数人持肯定和

① 阿基莫娃：《狄德罗传》，第 152 页。
② 房龙：《宽容》，第 346 页。

推崇的态度。霍尔巴赫盛赞中国的伦理政治，说"中国可算世界上所知唯一将政治的根本法与道德相结合的国家"，"欧洲政府非学中国不可"①。狄德罗写了《百科全书》中的《中国》和《中国哲学》等条目，全面介绍了中国和中国的思想文化，赞美"中国民族，其历史的悠久，文化、艺术、智慧、政治、哲学的趣味，无不在所有民族上之"②。经济学家巴夫尔曾随商船到过广州，是《百科全书》撰稿人中唯一到过中国的人，他称赞"中国农业的繁荣胜过世界各国"，"中国政府普遍情形是把全部关心直接向着农业方面"③。对中国最为倾倒的是伏尔泰、魁奈和杜尔阁，他们三人都是《百科全书》的撰稿人和支持者。伏尔泰认为：中国文化最合乎理性与人道，中国历史不记载超自然的奇迹。他佩服孔子"不语怪力乱神"和"述而不作"的态度，他还为中国的政治制度做辩护，并撰写文章反对孟德斯鸠在《论法的精神》一书中对中国封建专制主义所做的尖锐抨击。伏尔泰还根据中国元曲《赵氏孤儿》写成《中国孤儿》一剧，于1755年在巴黎上演，他甚至宣称：中国文化的被发现，对欧洲思想界来说，同哥伦布发现新大陆一样重要。被马克思称为"现代政治经济学始祖"的魁奈撰写《中国专制政治论》，赞美中国政治遵循自然法，推崇中国的礼治、伦理与重农政策，他对《易经》《周礼》《论语》相当熟悉，有"欧洲孔夫子"的雅号。另一位经济

---

① 霍尔巴赫：《社会之体系》。
② 赖赫维恩：《中国与欧洲》，第92页。
③ 马弗利克：《中国为欧洲的模范》，第43页。

学家杜尔阁也推崇中国文化，曾向在法国学习的两位中国青年学者高类思和杨德望提出有关中国的五十二个问题，要求中国学者解答。百科全书派中也有对中国文化抱批判态度的，如孟德斯鸠，论述了中国专制主义与文化习俗的缺陷；卢梭则指出：中国文明的进步恰恰造成了社会的弊病；孔多塞则称中国"被一群儒生的迷信所阻碍，故不能进步"[①]。

不管百科全书派的学者对中国文化是推崇还是批判，当时还处在中法文化交流开始阶段，他们都只能通过耶稣会传教士这面棱镜来观察中国，对中国情况当然不可能透彻了解。但他们都很关心中国文化，深受中国文化的影响，并通过评价中国文化去反对当时法国的宗教和政治制度。伏尔泰、狄德罗、魁奈、杜尔阁从中、法文化相异之点出发，论证法国制度的不合理；而孟德斯鸠、卢梭、孔多塞看到了东西方封建主义的共性，他们抨击中国的封建专制主义，实际上也反对了法国的教会和政府。

《四库全书》的编纂者也通过耶稣会士开始了解西方文化。农家、天文算法、杂家、谱录等类著录了传教士利玛窦、熊三拔、邓玉函、艾儒略等十余种作品，肯定了西方数学、天文、科学技术的成就，说"西洋之学以测量步算为第一，而奇器次之，奇器之中，水法尤切于民用……固讲水利者所必资也"[②]，"其言皆验诸实测，其法皆具得变通，可谓词

---

① 捷鲍登姆：《传教士与士大夫》，第 281 页。
② 《四库全书总目提要》，子部，农家类，《泰西水法》条。

简而义赅者"①，"其制器之巧，实为甲于古今"②，"欧罗巴人天文推算之密，工匠制作之巧，实逾前古"③。经过一段中西交流，西方的科学技术已显示出了优越性，故四库馆臣们承认了它的价值，但又囿于见识，把西方科技视为不登大雅之堂的奇技淫巧，不认识它在社会生活中所起的重大作用，所谓"徒矜工巧，为耳目之玩"④，不屑于进一步去了解和学习。明清之际，耶稣会传教士的汉文著作很多，介绍了各种西方的学术文化，这是当时中国最需要的知识，但收入《四库全书》者寥寥无几，特别是来华较晚，包括汤若望、南怀仁、蒋友仁等的作品，全被摒斥于《四库全书》之外。馆臣们认为：传教士的书籍虽有一些长处，"特所格之物皆器数之末，而所穷之理又支离神怪而不可诘"⑤。他们还有一个错误观念，以为西学都渊源于中学，说"西法出于周髀……特后来测验增修，愈推愈密耳。明史历志，谓尧时宅西居昧谷，畴人子弟散入遐方，因而传为西学者，固有由矣"⑥，可见当时士大夫对西方文化甚为隔膜，且多误解。

在当时闭关锁国的条件下，四库馆臣对西方文化缺乏了解，这是并不奇怪的。但中国当时并非无人了解西方，本文上面提到的两位中国青年学者高类思和杨德望在法国留学

---

① 《四库全书总目提要》，子部，天文算法类，《乾坤体义》条。
② 同上书，子部，谱录类，《奇器图说》条。
③ 同上书，子部，杂家类，《寰有诠》条。
④ 同上书，子部，谱录类，《奇器图说》条。
⑤ 同上书，子部，杂家类，《西学》条。
⑥ 同上书，子部，天文算法类，《周髀算经》条。

十一年以后，于 1765 年（清乾隆三十年）返回中国。高类思是北京人，回国后一直住在北京，写过不少著作，至 1780 年（乾隆四十五年）逝世，当时正是四库全书馆进入紧张编纂的时候。但像高类思这样一位长期在法国学习、熟知西方文化、非科举出身的学者，虽近在咫尺，却没有资格进入四库全书馆，不能发挥自己的专长，甚至他的名字和行踪在本国湮没无闻，只能从外国人的记载中略知一二。中国封建的政治和文化机制，缺少宽容和活力，不能将多方面人才网罗入馆，使《四库全书》在反映世界文化科学成就方面产生重大的缺陷，这不能不说是中国文化发展的不幸和损失。

六

《四库全书》和法国《百科全书》是同时诞生于 18 世纪的东西方两部辉煌巨著，各自有它的成就。《四库全书》汇聚了中国大量古籍，网罗广博、内容丰富、考订精审、编次有序，在清理和总结中国历史文化遗产方面做出了重大贡献，后人深入研究中国的传统文化都将离不开这部大书。历代学者对它评价很高，章学诚说："四库搜罗，典章大备，遗文秘册，有数百年博学通儒所未得见而今可借钞馆阁者。"[1]阮元说："凡六经传注之得失，诸史记载之异同，子集之枝分派别，罔不抉奥提纲，溯源彻委。所撰定总目提要多至万

---

[1] 《章氏遗书》卷九，《为毕制军与钱辛楣宫詹论续鉴书》。

余种，考古必衷诸是，持论务得其平。"①

至于法国的《百科全书》则总结了西方科学与文化的成就，利用已有的知识和思想资料，发展了唯物主义和进步的历史观、政治观。它对后世的影响极为深远，伏尔泰说："狄德罗和达朗贝尔在给自己装上翅膀，以飞往后世。他们是驮着宇宙的阿特拉斯和赫克里士。他们的《百科全书》是世界上最伟大的作品，是雄伟壮观的金字塔"，恩格斯也说："法国的唯物主义者没有把他们的批评局限于宗教信仰问题；他们把批评扩大到他们所遇到的每一个科学传统或政治设施；而为了证明他们的学说可以普遍应用，他们选择了最简便的道路：在他们因以得名的巨著《百科全书》中，他们大胆地把这一学说应用于所有的知识对象。这样，唯物主义就以其两种形式中的这种或那种形式——公开的唯物主义或自然神论，成了法国一切有教养的青年的信条。它的影响是如此巨大，以至在大革命爆发时，这个由英国保皇党孕育出来的学说，竟给了法国共和党人和恐怖主义者一面理论旗帜，并且为《人权宣言》提供了底本。"②

当然，产生《四库全书》和法国《百科全书》的历史背景和文化氛围是很不相同的。18 世纪的中国正是封建社会的后期，乾隆中叶，经济繁荣，国力鼎盛，文治武功达到了新的高度，经济生活中已出现了资本主义萌芽，明清之际思想

① 《揅经室三集》卷五，《纪文达公集序》。
② 《马克思恩格斯选集》，第 1 版，第 3 卷，第 394~395 页，北京，人民出版社，1972。

界也呈现了一度活跃的景象。但清朝强化了封建统治，对异端思想严加镇压，闪眼即过的民主启蒙思想未能给中国的封建制度造成重大冲击。什么样的社会条件和经济基础就会产生什么样的文化思想成果，乾隆时代尚是封建盛世，它能为总结、汇集封建文化典籍而做出巨大的贡献，但当时新的经济因素和阶级力量尚未成长，外来思想的影响还很微弱，产生于这样条件下而又为清政府主持的《四库全书》不可能偏离封建主义正统儒学的轨道。法国在 1789 年革命前夕，生产力迅速增长，资本主义工场手工业已蓬勃发展，科学技术与民主思想随之勃兴，第三等级正在崛起，烂熟了的封建制度百孔千疮，已容纳不下日益发展的新生产力和新社会力量，新的制度即将破土而出，而法国的贵族、僧侣仍保持封建特权，顽固地抗拒法国社会的前进，只有经过暴力扫荡，只有经过革命洗礼，才能洗涤封建主义的污泥积垢，振兴法国，使孕育成熟的资本主义制度脱胎诞生。法国《百科全书》的学者们是唱起新时代乐章的歌手，是呼唤暴风雨的海燕，他们为行将到来的法国大革命做了思想准备。不同的时代赋予人们以不同的历史使命，由此也决定了中国和法国两部划时代巨著根本趋向的歧异，而两国民族性格、文化传统、学术源流的不同又使得两书在编纂体例、思想内涵、知识构成等多方面各具自己的特色。当此纪念法国大革命二百周年之际，对这两部产生于两个世纪前的巨著进行研究，对于理解中法文化的特点和差异，促进两国文化的进一步交流是有重要意义的。

清代诗文简论

　　《清代诗文集汇编》浩瀚广博，收四千余家，录诗文不下五百万首，鸿篇巨著，洋洋大观。诗与文是我国悠久的文学体裁，唐宋最盛。而《全唐诗》仅四万首，清代诗文之多远迈唐宋，其艺术水平亦高超卓绝，可与唐宋相比肩。

　　文士诗人即事撰文，即情吟诗，所作皆当时当地的所见、所闻、所知、所感，真实可信。其中有军国大计、朝政庙谟，亦有战乱灾祲、民间疾苦、市井习俗，以至山水花鸟。作者据实而书，感叹沧桑，价值很高，可据以编史著作，亦可暇日吟诵，以广见闻。这是一笔丰富而珍贵的文化遗产，但清朝灭亡之后，战乱频仍，还没有来得及收集和整理。这笔浩博的文化遗产散落各地，未为人知。这次收集、整理、出版数量达八百册之多，在我国出版历史上还是第一次，也应是全世界诗文集中最为丰富的巨著。

　　要了解近三百年的清代诗文的全貌和特点，需要写一部厚重的《清代文学史》。这里只能做极简要之介绍，说其内容梗概，写其发展趋势。

清初是一个天崩地裂的乱离之世，干戈扰攘，中原板荡，清兴明亡，满汉矛盾成为社会的主要矛盾。汉族知识分子的心态也围绕着这一主轴而与时俱变，当时文坛上充斥着明遗民的诗文，痛家国之沦亡，斥清兵之凶残，思明亡之教训。其代表作家有"清初三大儒""岭南三大家""江左三大家"等。"清初三大儒"有黄宗羲、顾炎武、王夫之。黄宗羲以深沉的思考写出了《明夷待访录》《南雷文定》等精彩篇章，突破了君臣之间的纲常伦理，宣称"为天下之大害者，君而已矣！"顾炎武写《日知录》《天下郡国利病书》，针对明末贫富不均、土地兼并，主张"均田""均赋"。王夫之在《思问录》《周易外传》中提出唯物主义以及变化、矛盾的哲学观点。他们在诗歌方面贡献亦多，如顾炎武写"感慨河山追失计，艰难戎马发深情"（《海上》），黄宗羲写"顽石鸣呼都作字，冬青憔悴未开花"（《寻张司马墓》），王夫之写"家国遥睇怜征雁，溪路含愁听早莺"（《山径》），抒发了思念故国的深情。

"岭南三大家"为屈大均、陈恭尹、梁佩兰，最突出的是屈大均。他长期跋涉远游，"所目击者宫阙、陵寝、边寨、营垒废兴之迹，故其词多怨伤慷慨"（卓尔堪：《明遗民诗》）。他一直活到康熙中叶，当清朝收复台湾时，他还从失去复明基地的角度出发，写了"茫茫一岛是天留，父子经营作首丘。……恨绝生降虚百战，桓文事业委东流"。

"江左三大家"，即钱谦益、吴伟业、龚鼎孳，他们则是另类的遗民，一度降清，后来内省忏悔，悲怨深切，形之于诗。钱谦益是当时诗坛的领袖，降清不久即归乡家居，写下"周室旧闻迁金鼎，汉宫今见泣铜驼""林木犹传唐痛哭，江云常护汉衣冠"。当郑成功举反清义旗进长江、围南京时，各地响应，钱亦喜极欲起，仿杜甫《秋兴诗》写诗一百多首，歌颂欢呼。陈寅恪称："《投笔集》诸诗摹拟少陵，入其堂奥……诗中颇多军国之关键，为其所身预者。《投笔》一集实为明清之诗史，乃三百年未有之绝大著作也。"

吴伟业也是失节仕清的诗人，著《梅村集》，其中《圆圆曲》《永和宫词》《松山吟》皆为书写明清史事的著名诗篇。他临终时怨艾自责，写《贺新郎》一词，云"故人慷慨多奇节，恨当年沉吟不断，草间偷活，脱屣妻孥非易事，竟一钱不值何须说"，可以窥见他内心的痛苦与煎熬。

清初还有傅山、朱之瑜、侯方域、方以智、张煌言等一大批诗人文士，留下了许多诗文，吐露了自己的哀伤之情。康熙中叶以后，朝廷致力于发展农业、奖励耕垦、蠲免租税、兴修水利，又出塞用兵，抗击俄国侵略，统一新疆、西藏，内部又团结汉族知识分子，尊孔崇儒，开博学鸿词，征召山林隐逸，满汉矛盾渐趋缓和，对立情绪消退，清朝进入盛世，诗文风气因而大变。

盛世诗人早期的代表可推王士禛，他著有《带经堂文集》，官居高位，交游广阔，极享盛名。他的诗描绘景色，指点湖山，称神韵派。他写诸如《方山道中》等诗，吟及"前山白云外，缭绕一江横。渔舍参差见，风帆自在行。烟花怜故国，湖海寄浮生。洗盏船头坐，一声沙鸟鸣"，把平凡常见的湖山花鸟勾画得清新幽雅、令人神往。

当时与王士禛对立的是赵执信，著有《饴山堂诗文集》，他反对王士禛的"神韵"说，批评王"诗中无人"，主张"诗中有人，诗外有事，以意为主，言语为役"。赵的诗较注意现实，"笔力遒劲"。《四库全书总目提要》评论二人"王以神韵飘渺为宗，赵以思路劖刻为主"，很能说明他们的诗风特色。

稍后的沈德潜标榜"格调"，主张"诗之为道可以理性情，善伦物，感鬼神，设教邦国，应对诸侯"。沈著有《归愚诗钞》，他在《说诗晬语》中反对以吟咏风花雪月为事，在诗风上主张"温柔敦厚，中正平和"，他的诗较多颂圣赞德之作。

更后的郑燮，号板桥，一反"神韵""格调"之说，主张表现性情，抒写人民疾苦，他能诗善画，工书法，世称"三绝"。在山东潍县当知县时所写《画竹》一诗云："衙斋卧听萧萧竹，疑是民间疾苦声。些小吾曹州县吏，一枝一叶总关情。"

清代最有成就的诗歌改革家是袁枚，著《小仓山房诗文集》，他是雄视乾隆一代的诗坛巨擘，倡"性灵说"。他说："诗人者，不失其赤子之心者也。"（《随园诗话》）反对将诗歌作为单纯卫道的工具，主张诗可以抒写山水之景、男女之情，强调"灵感"的作用。"但肯寻诗便有诗，灵犀一点是吾师。夕阳芳草寻常物，解用都为绝妙词。"（《遣兴》）袁枚诗作，确能写出自己的生活感受，直抒性情，清逸灵巧，别具风格。如"秋深古迹诗愈健，霜满黄河浪不骄"（《题壁诗》）、"如何二十多年事，只抵春宵一梦长"（《苦妾》）。

和袁枚齐名的有蒋士铨、赵翼，都是性灵派诗人。蒋著有《忠雅堂诗文集》，其诗"清新蕴藉，皆发诸性情"，有句"已知豪气吞云梦，便买扁舟下岳阳"（《洞庭秋泛》）、"前尘事事都难忘，不到伤怀总不知"（《题忆园》）、"自喜结根依小草，不随飞茵堕苍苔"（《落花》）。赵翼有《瓯北诗钞》，他既是诗人，又是历史学家，所作《廿二史劄记》驰名于世。他曾从军远征，跋涉川黔闽粤，又扈从乾隆帝出塞行围，歌咏蒙古习俗、大漠风情。蒋士铨说他"天才卓越，又得江山戎马之助，以发其奇，兴酣落笔，雄伟奇恣，不可遍视"（《瓯北集序》）。他写诗力丰创新，不蹈前人窠臼，他在诗中说："李杜诗篇万口传，至今已觉不朝鲜。江山代有才人出，各领风骚数百年。"（《论诗》）

清代中叶，文章亦臻于极盛，诞生了桐城文派，它是中国文学史上传承最久、作者最多、影响最大的文学派别。始创于康乾时代的方苞、刘大櫆、姚鼐，下传到19世纪的梅曾亮、方东树、管同、曾国藩、吴敏树、张裕钊、薛福成、吴汝纶、林纾等，薪火相传二百年之久，直到五四运动为止。据说有名可数的作家有六百多人，大多有诗文集行世，故当年有"天下之文章，其在桐城乎！"之说。他们不仅有文学创作的实践，佳作如林，精彩纷呈，而且有文学理论。方苞提出"言有物，言有序"。刘大櫆标榜文章的"神、气、音、节"，姚鼐又细化成"神、理、气、味、格、律、声、色"。桐城派声势浩大，影响甚广。中国文学史上从未出现过这样大的文派。但在五四新文化运动中，它成为批判的对象，被称为"桐城谬种，选学妖孽"。这时中国社会向近代社会转型，白话文取代文言文，桐城派不能适应时代的需要，故地位下跌，一落千丈。五四运动当然具有划时代的丰功伟绩，但对传统诗文的评论具有片面性。其实桐城派文章是清朝盛世的产物，接续着中国古典文学的传统，在中国 18 世纪和 19 世纪是中国思想和知识的传播载体，也有精华和糟粕之分，应该客观正确地分析对待，不可一笔抹杀。

跨过清朝的乾嘉时代，中国迎来了狂暴急骤的西风欧雨，诗文的内容和形式亦随之大变。一是爱国主义精神发扬光大，充实了诗文的内容；二是学习西方文明的思潮兴起，扩展新视野，歌咏新事物，产生新理念；三是改革与革命兴起，诗文成为改造中国、振奋人心的武器。

近代爱国爱民的新诗文萌生于鸦片战争时，林则徐的"苟利国家生死以，岂因祸福避趋之"，龚自珍的"我劝天公重抖擞，不拘一格降人才"，魏源的"不忧一家寒，所忧四海饥"开其端。郑观应有《关心时局，因赋长歌》历述了中国被侵略、被凌辱："一自海禁开，外彝肆跋扈。鸦片进中华，害人毒于蛊。……铁舰置炸炮，坚利莫能拒。诸将多退怯，盈廷气消沮。割地更偿费，痛深而创巨。何以当轴者，束手无建树。"狄葆贤有《平等阁诗钞》，则写下了"尘海微生感逝波，沉沉大陆竟如何。睡狮未醒千年梦，野马行看万丈过"(《秋感》)。

近代的许多诗人痛心对外战争的失败，歌颂战争中牺牲的英雄，如贝青乔的《咄咄吟》、林昌彝的《射鹰楼诗话》、黄遵宪的《人境庐诗钞》都脍炙人口。张维屏的《三元里》

写道"三元里前声如雷，千众万众同时来。因义生愤愤生勇，生民合力强敌摧"，热烈歌颂人民的抗英斗争。郑观应的《闻大东沟战事感作》颂赞邓世昌"致远鼓楫冲重围，万火丛中呼杀贼。勇哉壮节首捐躯，无悔同袍夸胆识"，还有胡延的《蔺德堂诗钞》歌颂左宝贵："月晕重重闻楚歌，洞胸犹握鲁阳戈。仲由结缨那惜死，国势不张将奈何。"（《左将军歌》）丘逢甲痛心台湾被割给日本："春愁难遣强看山，往事惊心泪欲潸。四万万人同一哭，去年今日割台湾"。这些诗慷慨磅礴，洋溢着强烈的爱国主义思想。

要求清廷进行改革维新的声音也同时兴起，黄遵宪倡诗界革命，他的诗"独辟蹊径，卓然自立"（梁启超语），赞成改革变法："滔滔海水日趋东，万法从新要大同。后二十年言定验，手书心史井函中。"（《己亥杂诗》）戊戌改革的人物均善诗文，咏诗甚多，其领袖康有为因北京不能实行改革之志，在离京南下时有诗"高峰突出众山妒，上帝无言群鬼狰。漫有汉廷遣贾谊，岂教江夏逐祢衡"（《出都留别》）。及至维新失败，慈禧当权，金天羽（《天放楼诗集》）有诗"上林风急雁惊秋，影事天家说总愁。帝病祷祠遣蒙毅，佛慈衣钵靳罗瞰。北军产禄兵坚握，东市膂溽血亦流。想见信宫谋议泄，武灵槁卧困沙丘"，这首诗几乎是戊戌政变的写实。

历史进入20世纪，局势又变，革命风潮汹涌激荡，不可阻遏，诗文成为鼓吹反清革命之锐利武器。孙中山的《革命方略》《民报发刊词》，邹容的《革命军》，章太炎的《驳康有为政见书》，以及陈天华的《猛回头》都是驰名的革命诗文，大批知识分子走向革命，写了大量反清的诗歌文章。鉴湖女侠秋瑾以一女子，既习武，又能诗。她写的词《鹧鸪天》："祖国沉沦感不禁，闲来海外觅知音。金瓯已缺总须补，为国牺牲敢惜身！嗟险阻，叹飘零。关山万里作雄行。休言女子非英物，夜夜龙泉壁上鸣。"又写《感愤》诗："莽莽神州叹陆沉，救时无计愧偷生。拚沙有愿兴亡楚，博浪无椎击暴秦。国破方知人种贱，义高不碍客囊贫。经营恨未酬同志，把剑悲歌涕泪横。"诗词中表现了革命者爱国的情怀、崇高的追求和悲壮的风格。

辛亥革命前夕，革命诗文大量涌现，如柳亚子的"希望前途竟若何，天荒地老感情多。三河侠少谁相识，一掬雄心总不磨。理想飞腾新世界，年华辜负好头颅。椒花拍酒无情绪，自唱巴黎革命歌"（《元旦感怀》）；苏曼殊的"蹈海鲁连不帝秦，茫茫烟水着浮身。国民孤愤英雄泪，洒上鲛绡赠故人"（《以诗并画留别汤国顿》）。

宣统元年（1909），许多诗人文士在苏州虎丘集会，创设"南社"，以诗文为武器，抗击腐败的朝廷。清朝覆亡时，社员发展到二百人，以后发展到两千人。南社诗风，忧国忧时，慷慨雄放，柳亚子作诗纪念称"寂寞湖山歌舞尽，无端豪俊又重来。……莫笑过江典午卿，岂无横槊建安才"。南社成立为清代诗歌做一总结，至五四运动以后，白话文和白话诗兴起，又开拓了中国诗文的新领域、新境界。

中西文化的抉择

清代历史和过去历史一个很大的不同，就是世界和中国的联系越来越密切。清代历史的很多方面深受世界的影响，离开世界这个历史背景，我们就难以解释清楚清代的许许多多的问题，许许多多的情况。很多问题不联系世界，就看不清楚。

清军入关是 1644 年，距离哥伦布发现美洲已经一个半世纪，全球历史的帷幕已经拉开，葡萄牙、西班牙、荷兰、英国、法国这样一些国家相继登上了世界历史舞台，南北美洲已经成为欧洲的殖民地，世界其他地方，非洲、东南亚、印度、中东也正在遭到殖民侵略。这个时候的中国，她保持了国家的独立。但清朝历史和以前朝代不一样，一开始清朝崛起就和世界接触。如西方的红衣大炮，清入关前就开始引入，这里不多说了。清入关后，从顺治开始，就与传教士接触。顺治与传教士关系非常密切，他称汤若望为"玛法"，是父辈，很尊敬的称呼。据汤若望记载，在两年的时间里，顺治帝去了汤若望家二十四次。汤若望在宫里医好了皇后的病，得到了皇太后的恩赐，可以出入宫禁，与清廷关系极好。康熙更不用说，对天文、数学等西方科学技术都有很浓厚的兴趣，身边有很多传教士。康熙得了疟疾，当时的疟疾病是非常严重的，治不好，会死人的，康熙采用并推广了金鸡纳霜治疗法。签订《尼布楚条约》前谈判的时候，张诚、徐日昇充当了翻译。《康熙皇舆全览图》也是传教士帮着画的。可以说，在清初，传教士与清统治者有着一段蜜月般的关系，非常亲密。满族的亲贵也有很多与传教士有很密切的关系，相比之下，汉族士大夫在清初与传教士关系密切的不多。明末的汉族士大夫，像徐光启、李之藻信仰天主教，可是清初的士大夫，我印象中没有几个。

当时中国也是处在十字路口，也有可能选择西方文化。作为统治者的满族，处在文化的后进的地位，它要学习先进文化。当时，它面临的先进文化有两种，一种是西方文化，一种是汉文化。它和西方文化接触很多，也知道它的好处，为什么没有更多地选择西方文化？这也是一个历史之谜吧。后来，完全走了汉化的道路，而且越来越汉化。看来，它不是没有可能选择西方文化，它有机会选择，但它没有更多地吸收西方文化，而是走了单纯汉化的道路。如果稍稍吸收一些西方文化，哪怕像日本一样，出现一个兰学，那中国历史的道路肯定会不一样。当然，这只是一种猜想。

看来，文化的选择有一个土壤的问题。清统治者要统治汉人，因此，它选择的是统治汉人的现成的政治和文化模式，而不再考虑选择其他的模式，这也是一种解释。我觉得，清初的历法之争，表面上是汤若望取得胜利，采用了传教士所编的《时宪历》，因为它是科学的。但从更广泛的意义上来讲，从全面的文化选择来讲，汤若望失败了，而杨光先胜利了。杨光先是坚持以中国的传统文化对抗西方文化的。因为中国走的道路依然是汉族的传统道路，没有吸收西方的先进文化。这是历史事实，清朝从一开始就面临着政治和文化选择，一开始就面临着西方文化，这是其他朝代没有的事。

文化的冲击、磨合、交流，这个过程很不容易。历史上，印度佛教经过上千年的时间才融合成中国的佛教，因此，刚进入中国不久的西方文化不可能很快被中国人接受。文化的融合有独特的规律，历史有它的必然性。

清朝建立之初，要考虑统治汉人，必须尊重汉族传统的信仰和风俗。所以，传教士面临的困难越来越严重。罗马教廷坚持要反对祖先崇拜，这引起了汉人反对，满族统治者也反对。雍正时期，全面禁教，把传教士逐出宫廷，关上了大门。从历史的表面来看，雍正的全面禁教，似乎阻止了中西文化交流，但是历史是在前进的，世界一体化的进程不可阻挡、不可抗拒，中国逐渐融入世界的潮流也是不可抗拒的。

18 世纪文化交流虽然被阻断，乾隆后期在宫廷已经没有传教士了，但中西方经济的交流大大地发展了。当时海关对外贸易急剧增加。康熙时期海关收入只有四万两，贸易额很小，到鸦片战争前海关的税收达到了一百九十万两，增加了四十七倍，增加得很快，如茶叶、丝绸、棉布、瓷器的对外贸易大量增加。到康乾盛世，海外贸易比较繁荣。

社会发展也达到了顶点。从人口来看，汉朝人口五千万，唐朝是八千万，后来也有增加，但中国的记录人口从来没有达到过一亿，明朝是七八千万，到清朝道光时期为四亿。相应地，农产品也只有增加四倍到五倍，才能养活这么多人口，可以说，当时经济总量已超过汉、唐。根据外国的有关研究，当时中国的 GDP 占世界的百分之三十二，这是外国人的统计；还有一种统计是百分之二十四。是否确切不敢说，但说明当时中国的经济总量已经很大。

这些方面的研究都需要中国历史与世界历史的结合，也需要你们的合作。我希望年轻的学者转而研究一些大问题，到底是怎么回事？中国的经济实力到底如何？

康乾盛世如何解释，也需要世界历史的知识。不了解世界的情况，也难以解释康乾盛世。当时国内安定是个主要因素。不能老打仗，社会的安定对于生产的发展至关重要。康乾统治者非常重视农业生产，投入大量精力治理黄河。有一年，国家收入的三分之一用于治河。还有一个重要的因素，就是南美洲的白薯、玉米、花生等作物在康乾时期得到广泛种植。这些作物传入中国是在明朝，但广泛推广是在清朝。如果离开了白薯、玉米，这么多人口怎么养活，很难想象。只有高产的粮食作物才能养活这么多人。而且，白薯、玉米的种植条件要求很低，对土壤、水、气候的要求不是那么苛刻，这些高产作物遍地可种。从前不能种的地方，开垦出来就可以种，平原、高山、地头旮旯都可以种植。乾隆年间，开垦了以前的很多荒地，因此，粮食产量较高。这对于康乾盛世的到来非常重要。

高产作物在中国的推广，这方面的研究已经有了，但还不够，这个问题的研究，也需要中国历史、世界历史的专家合作研究。关于白薯这些作物如何推广的问题，值得研究。当时有个姓陈的福建人，带着他的儿子、孙子，山东、山西到处跑，一辈子推广种白薯。白薯种植的关键就是育秧，他帮助北方农民解决白薯育秧过冬问题，像这类问题值得研究。可以肯定，南美洲作物的推广对康乾盛世的形成起了重要的作用，没有南美洲高产作物的传入和推广，就没有康乾盛世。

另外一个因素是货币。当时墨西哥白银大量输入中国，这一点对中国市场的发展非常重要。白银是良好的硬通货，当时的贸易连年出超，有很多东西销往外国，像丝绸、瓷器、茶叶；而外国人没有那么多东西运往中国，当时还没有大机器生产，只能用白银。有本书叫《白银资本》，轰动一时。讲当时中国是全世界的经济中心，所有的白银都流向中国，中国是白银的仓库。据说，在18世纪，有三亿两白银流入中国。可以说，大量白银的输入，成为中国市场交易的润滑剂，扩大了中国市场，推动了中国经济发展，使中国经济发展达到了前所未有的高度。关于当时中国货币流通量、交易量到底如何，这些研究大多都是宏观的，细致的研究还不够。有统计说，中国当时国内的总贸易量超过了英国海外的贸易量，到底是不是这样，需要中国史、世界史学者共同论证这个问题。

我觉得这两个因素，经济方面高产作物的推广，货币方面白银的输入，对康乾盛世的到来起了非常重要的作用，否则很难达到那样的高度。所以说，清初中外的文化交流虽然暂时中断，但经济交流更加密切，而且其实际影响非常大。到了晚清，更不用说了。如果不联系国际背景，根本没办法研究中国近代历史。清朝前期，中国还可以置身于国际事务之外，是天朝上国，洋洋得意，自高自大，关起门来，可以高唱"天朝物产丰盈，无所不有，原不籍外夷货物，以通有无"。到了鸦片战争以后，大门被打开了，也无法关门了。这个时候，中国就被彻底卷入了世界历史的旋涡中。

无奈也罢，被迫也罢，缺乏精神准备也罢，反正你是被卷入了世界历史旋涡。列强蜂拥而入，外国开始成为支配中国的一个力量。以前是外在力量，现在成为社会内部的力量，而且是强大的支配力量。一次一次的战争，一次一次的条约，把中国与世界绑在一起，变成了半殖民地。这个时候，研究中国历史，已经离不开世界历史。

反对西方列强是当时中国社会的主要任务，向西方学习同样是中国的一个主要任务，这两个任务是矛盾的。受到外国侵略，还要向它学习，即"师夷之长技以制夷"，历史就是这么复杂。老师打学生，这样的事在近代很多。割地赔款，丧失主权，如果不抵抗，不反戈一击，一味认输投降，丧失的不只是物质财富，不只是主权、利益，丧失的还有精神、信心和希望。中华民族就是在抵抗中逐渐成长的。但是你光反对，不学习也不行，那样就没有进步，就会停留在愚昧落后的层次，就会停留在非理性的行动中，使你的抵抗斗争变成"义和团式"的行为，使你的爱国行为变成盲目的排外主义。正是这些经验教训使中国在近代逐渐走向了正确的革命道路。

晚清与外国打交道非常多，外国传教士、政治家、军事家、记者都到了中国，他们写了大量的东西，但目前还有很多没有翻译过来。当然，他们的记载描述带有偏见，但在某些方面反映了中国历史。因此，清朝历史与以往的朝代不一样，它自始至终与世界历史保持着联系，我们必须在世界历史的背景下观察中国，必须了解当时西方人对中国写了些什么，说了些什么，做了些什么。

多面言"清官"

　　"清官"是我国古代历史上很复杂的一种政治现象，它在漫长的阶级社会中一再重复地出现，并被各个不同的阶级所重视。统治阶级的"圣训""谕旨"和官修"正史"里，往往表扬一批"循吏""良吏"，作为官场的楷模，民间的文艺作品中也塑造了一些圣洁无疵的清官形象，历千百年而传诵不绝。被对立的阶级所共同称赞的"清官"，既不纯粹出自统治者欺骗性的虚构，也不完全是人民群众虚幻理想的产物，而是多少被美化了的实际政治现象。这种政治现象在一定的历史条件下出现，成为封建社会直接暴力统治的一个补充，在政治斗争中发挥实际的影响。

　　目前，学术界对"清官"的评价很不一致。有的同志强调"清官"所作所为有利于人民，称"清官"是"人民的救星"，"代表着人民的利益和要求"，在封建社会里是人民的最高理想，等等；也有的同志认为，"清官"的作用"只是为了消除和缓和人民的革命斗争……这种人在历史上起的作用是反动的，没有什么值得赞扬"。这两种截然相反的评价，究竟有多少根据？本文试图就"清官"的特点、产生条件和历史作用，提出一些粗浅的看法。

一、"法定权利"和"习惯权利"

什么是"清官"？我们从许多历史和文艺作品的描写中，大体上可以归纳出"清官"的若干特点，如"自奉廉洁""爱民如子""赈贫扶弱""断狱如神""压抑豪强""执法公平"等等。"清官"和一般官吏有所不同，他们比较俭朴，不接受贿赂，不投靠权门；他们赈济灾民，减免赋税，兴修水利，奖励扶植农业生产，给老百姓做了一点好事。而且，不少"清官"还和豪强权贵进行了一定的斗争。例如，西汉的郅都，"行法不避贵戚，列侯宗室见都侧目而视，号曰苍鹰"[1]。北宋的包拯，"立朝刚严，闻者皆惮之……贵戚宦官，为之敛手"[2]。元朝的耶律伯坚有一个信条："宁得罪于上，不可得罪于下。"[3]明朝的海瑞说："弱不为扶，强不为抑，安在其为民父母哉！"[4]他们具有刚强不阿的性格，所作所为使豪强地主们不能不有所畏忌。我们要问一下：在整个封建官场的滔滔浊流中，何以出现了少数"清官"的"美德嘉行"？这种"美德嘉行"具有什么性质？"清官"，作为封建统治机构中的一员，何以要把斗争的锋芒指向豪强权贵？

---

① 《史记》卷一二二《酷吏列传》。
② 朱熹：《五朝名臣言行录》。
③ 《元史》卷一九二《良吏传》。
④ 《海瑞集》上册，第74页。

这种斗争具有什么意义？

为了理解"清官"的思想、性格和行为，就不能不把这一政治现象和当时的整个阶级斗争以及封建政治统治的形式联系起来考察。

任何统治阶级如要维持一定的统治秩序，都要制定一套法律规范体系。一定的法律规范体系是一定生产关系的反映，是保障统治阶级利益和特权的工具，是依靠国家政权力量而强制实现的统治阶级的意志。但是，我们这样说并不是指统治阶级剥削劳动人民的全部贪欲随时随意地都表现为法律的形式。统治阶级的贪欲能够在多大程度上转变成法律条文，这并非取决于统治者（也就是立法者）的主观愿望。在任何时候，统治阶级总是希望从劳动人民身上榨取掠夺尽可能多的贡物，总是希望法律赋予自己尽可能大的剥削特权；而实际上，统治者的贪欲却总是要碰到一定的界限，这个界限是由一定社会生产发展水平和人民群众反抗斗争所造成的。如果剥削程度超过了这个界限，那便会使得一定集团的统治趋于崩溃而出现新旧王朝的更替。一般说来，法律所反映、所维护的就是不过分超越这个界限的统治权力。马克思《资本论》说，在这里和在到处一样，社会的统治阶级的利害关系，总是要使现状当作法律，成为神圣不可侵犯的，并且要把它的由习惯和传统而固定化的各种限制当作法律的限制固定下来。法定的剥削权利所以需要某些限制，恰恰是为了能够经常持久地保障这种权利，这完全符合统治阶级的长远需要。

在封建社会里，农民群众是封建剥削特权和封建法律体系的坚决反对者。封建法律是束缚农民群众的锁链，使农民处在完全无保障的地位，长年过着奴隶牛马一样的生活。所有的农民起义和农民战争都以否定现存的法律体系为前提。封建的法律体系和农民的利益是根本对立的。

封建的法律不但经常遭到来自农民方面的挑战，而且也不时被地主阶级自己内部某些集团和某些个人所突破。这些集团和个人不满足于享受法定权利，他们千方百计地越过法律界限，进行不法活动，追求集团的和个人的特殊权利。只要有可能任意违反法律，统治阶级总是不会放过这种机会的。地主阶级贪婪的本性撕裂了法律尊严的假面具，暴露了封建法律的本质。法律权利不过是被神圣化了的不法活动，而不法活动又是法律权利形影相随的伴侣。

像所有事物都一分为二那样，封建剥削权利也分裂为法定权利和法外权利（或习惯权利），两者互相依存而又互相对立，马克思这样写道：

> 在封建制度下也是这样……当特权者不满足于法定权利而又呼吁自己的习惯权利时，则他们所要求的不是法的人类内容，而是法的动物形式，这种形式现在已丧失其现实性，并已变成纯粹野蛮的假面具。
>
> 贵族的习惯权利按其内容来说是反对普遍法律的形式的。它们不能具有法律的形式，因为它们是已固

定的不法行为。这些习惯权利按其内容来说和法律的
形式——普遍性和必然性——相矛盾，这也就说明它
们是习惯的不法行为。因此，决不能维护这些习惯权
利而对抗法律，相反地，应该把它们当做和法律对立
的东西废除，而对利用这些习惯权利的人也应给以某
种惩罚。①

　　封建统治阶级的"法定权利"和"习惯权利"同样都生
根在封建社会的土壤上，它们是地主阶级对农民两种不同形
式的剥削。"法定权利"体现了地主阶级长远的、整体的利益。
这个剥削之神是用普遍法律形式的圣洁光轮装饰起来的，它
仿佛凌驾于一切贫富贵贱之上，显示了不可侵犯的凛凛尊严。
而"习惯权利"则体现了地主阶级特殊的、眼前的利益，它
像一头显露出狰狞本相的恶兽，一心要吞噬掉所能看得见的
一切。"习惯权利"在封建法律界限之外，追求无限制的剥削；
而"法定权利"为维持本身的长期生存，就不能不限制"习
惯权利"的活动范围。这一对矛盾在整个封建社会里贯彻始
终，影响到封建社会的各个方面，使得当时的政治斗争和思
想斗争呈现更加错综复杂的色彩。只有在这一矛盾的基础上，
我们才能够理解"清官"这一政治现象的本质，才能够说明"清
官"们压抑豪强地主以及其他种种行为的实际意义。

----

　　① 《马克思恩格斯全集》，中文1版，第1卷，第143页。

二、"压抑豪强""执法公平"和"爱民如子"

"清官"，按其本质来说，就是地主阶级中维护法定权利的代表之一。尽管"清官"们对豪强权贵的暴行进行过斗争，对人民群众的苦难流露过同情，以及在思想、性格、才能和作风上具有各不相同的个人特征，但维护封建的法定权利，这是"清官"们所共有的本质特点之一。

"清官"反对豪强地主的斗争，就是封建的法定权利和习惯权利相冲突的一种表现形式。豪强地主追求无限制的剥削，而"清官"的所作所为不过是在一定程度上限制了这种非法剥削。这种斗争不但是封建制度所许可的，而且还是维护封建法定权利所必需的。

有名的"清官"海瑞迫使江南地主退还占夺的土地，这是一则脍炙人口的"压抑豪强"的佳话。当时江南的一些豪强地主，用巧取豪夺的手段，大量兼并土地。封建经济的发展必然引起土地兼并，而大规模的土地兼并迫使人民破产死亡或起而反抗，又严重威胁到地主阶级的整个统治。封建统治陷在这种不可克服的矛盾之中，它必须进行某种自我调节，才能够延续自己的存在。海瑞和其他"清官"一样，都是自觉或不自觉地充当着封建统治进行自我调节的工具。海瑞的退田斗争，无非是在一定程度上遏止非法的兼并之风，以利于封建统治的稳定。他在《复李石麓阁老》的信中说得很清楚："存翁（指江南大地主徐阶——引者）近为群小所苦太

甚，产业之多，令人骇异，亦自取也。若不退之过半，民风
刁险可得而止之耶！为富不仁，有损无益……区区欲存翁退
产过半，为此公百年后得安静计也。"①退田的目的是防止"民
风刁险"，退田斗争也只能以"退之过半"为限度，"清官"
的阶级性格决定了他们的步子只能跨出这么远。当然，这种
斗争也会使一部分农民的生活得到改善，但是，这种"改善"
充其量只是从做不稳奴隶"改善"到做得稳奴隶而已。我们
指出这一点不是要苛求"清官"去做他们无法做到的事情，
而仅仅是为了指出所谓"压抑豪强"的斗争并没有超出封建
统治所许可的范围。有的同志把这种斗争描写成仿佛是站在
人民立场上的反封建斗争，这是完全不正确的。

　　"清官"们反对不法的习惯权利，正是为了保障法定的
剥削权利。如果法定权利被豪强权贵所突破，"清官"们固
然会起而反对；而如果法定权利遭到起义农民的破坏，他们
也会毫不犹豫地凭借军事力量使革命农民陷入血泊之中。在
农民起义的时候，尽管起义军对"清官"常常表现了宽容和
礼遇，而"清官"却总是顽抗到底，死而不悔。对于他们来
说，反对豪强的斗争和反对起义农民的斗争有着一致性，其
目的都是封建统治的永世长存。像包拯这样一个家喻户晓的
"清官"，当小规模的农民起义发生时，就主张严厉镇压。
他说："无谓邾小，蜂虿有毒。……虽乌合啸聚，莫能久长，
而生灵涂炭矣，则国家将何道而猝安之？况今国用窘急，民

----

① 《海瑞集》下册，第431页。

心危惧，凡盗贼若不即时诛灭，万一无赖之辈相应而起，胡可止焉！……应有盗贼，不以多少远近，并须捕捉净尽，免成后害。或少涉弛慢，并乞重行朝典。"[①]这种态度距离"人民的立场""人民的利益""人民的救星"是何等遥远！

"清官"们不能不在两条战线上作斗争。他们既要反对豪强暴行，又要反对农民起义，而反对豪强暴行的目的又是为了消解农民起义。他们始终站在维护封建法定权利的立场上，严肃认真地把法律付诸实现。人们往往称赞他们"执法公平""铁面无私"。的确，在"清官"手里也曾平反过一些冤狱，解除了豪强权贵加在人民头上的一些灾难；但如果夸大了这一点，把"清官"当作公正的仲裁者，救民于水火的救世主，甚至说"凡农民与乡绅财主发生讼案，总是乡绅财主吃亏的时候多"，那是根本错误的。"清官"的职务是贯彻实施封建国家的法律、制度、政策。在这一方面，他们也许可以做到丝毫不苟，但他们所执行的封建法制，是早已被地主阶级的利益和意志所决定的。即使他们抱着对受难人民的同情和对豪强权贵的愤慨，但他们的良心并不能改变或影响封建法制的本质。作为狱讼判决的依据并不是他们的良心，而只能是吃人的封建法律。如果判决的依据是地主阶级的法律，那么，公正判决也就是意味着贯彻地主阶级的意志。马克思说得好："如果认为在立法者偏私的情况下可以有公正的法官，那简直是愚蠢而不切实际的幻想！既然法律是自

---

① 《包拯集》，第58页。

私自利的，那末大公无私的判决还能有什么意义呢？法官只能够丝毫不苟地表达法律的自私自利，只能够无条件地执行它。在这种情形下，公正是判决的形式，但不是它的内容。内容早被法律所规定。"① 当然，在"清官"的判决下，疯狂地追求习惯权利的恶霸豪绅也可能个别地受到制裁。但是，我们应当记得：第一，在漫长的封建社会里，"清官"本来是很少的，而受到"清官"严厉制裁的豪强权贵更是极少数。第二，统治阶级完全可能牺牲其个别成员的利益来维持法律的公正外貌，因为法律的公正外貌对整个阶级长治久安至为必要。放弃一些次要的、特殊的东西，往往是为了牢牢地保持住主要的、普遍的东西。把这种情形认为是"乡绅财主吃亏的时候多"，这岂不正好受了历史假象的欺骗？

"清官"是封建统治机构的成员，为统治阶级的利益服务。从根本上说，他们和人民群众站在对立的立场上。但是，这一点并不妨碍他们在主观思想形式方面对人民群众表现一定的同情、怜悯和关心。明朝东林党的领袖顾宪成说："官封疆，念头不在百姓上……即有他美，君子不齿也。"② 海瑞则把做官的目的说成是为贫苦人民打抱不平，他说："举凡天下之人，见天下之有饥寒疾苦者必哀之，见天下之有冤抑沉郁不得其平者必为忿之。哀之忿之，情不能已，仕之所由来也。"③ "清官"们在讲这种话的时候，主观上可能完

---

① 《马克思恩格斯全集》，中文 1 版，第 1 卷，第 178 页。
② 《明儒学案》卷五八。
③ 《海瑞集》上册，第 37 页。

全是真诚的。我们一点也不想否认促使"清官"们行动起来的这种观念冲动力，但是问题在于不应该停止在这种观念冲动力的前面，而应该进一步探究这种观念冲动力怎么可能发生，隐藏在这些冲动力后面的是什么，以便确定这种观念冲动力的实质。地主阶级剥削和压迫农民，它的存在是以农民的存在为前提的。较有远见的封建政治家和封建思想家完全能理解这一点。有名的"好皇帝"唐太宗说："水所以比黎庶，水能载舟，亦能覆舟。"地主阶级之所以重视农民，正因为只有农民，才能够载负起或者颠覆掉封建统治的巨舟。历代"圣君""贤相""清官""名儒"都以"民为邦本""爱民如子""关心民瘼"作为信条，事实上，这些冠冕堂皇的信条，只是包裹着地主阶级狭隘利益的观念形态的外衣而已。对于"清官"来说，他们对掩盖在自己观点、感情背后的阶级利益可以并无觉察，因为这种观点、感情在长期的历史发展中通过非常曲折的途径早已形成。马克思说："通过传统和教育承受了这些情感和观点的个人，会以为这些情感和观点就是他的行为的真实动机和出发点。"① 任何一个"清官"决不会因为信奉"爱民如子"的信条而主张终止本阶级的政治统治和经济剥削，因为"爱民如子"的信条是和"小人耕而以有余养君子"之类的信条密不可分地联结在一起的。如果说"清官"的所作所为是出于对人民的同情、怜悯和爱护，那么这种同情、怜悯和爱护无非是反映了地主阶级对劳动人

---

① 《马克思恩格斯全集》，中文 1 版，第 8 卷，第 149 页，北京，人民出版社，1961。

手的需要和对残酷剥削的伪装。毛主席说:"爱是观念的东西,是客观实践的产物。我们根本上不是从观念出发,而是从客观实践出发。……世上决没有无缘无故的爱,也没有无缘无故的恨。"① 如果"爱民如子"之类的思想感情不符合地主阶级的需要,那就成了"无本之木,无源之水",根本就不会在执行镇压职能的封建国家机构中发生影响,更不会被历代统治者奉为神圣的"信条"。

三、"清官"和"党争"

维护封建的法定剥削权利,这是"清官"的共性。但是,仅仅指出这一点,还不足以说明他们在不同历史条件下的不同特性。一般说,"清官"处在封建官僚机构的中层和下层,只是封建王朝整套统治机器上的一些机件。因此,必须结合封建王朝的升沉降替和各个时期阶级斗争的具体形势来进行考察,才能够理解"清官"在漫长历史发展过程中所表现的各种不同形态和所发挥的不同作用。

当大规模的农民战争过去之后,新的封建王朝刚刚兴起,地主阶级的势力受到了重大打击,它的习惯剥削权利受到较大限制。这时候,接受了农民起义教训的所谓"圣君贤相"不得不减轻对人民的压迫,采取一些有利于恢复和发展生产的措施,其中也包括奖励清廉、惩治贪污的措施。明太祖告

---

① 《毛泽东选集》第三卷,第 827 页。

诚各地的地方官说："天下初定，百姓财力俱困，譬犹初飞之鸟，不可拔其羽，新植之木，不可摇其根，要在安养生息之。惟廉者能约己而利人……尔等当深戒之。"① 他对贪官的惩处也特别严厉，不惜施用重典，甚至将贪官剥皮实草，陈列在官员的公座旁边，以示警戒。在这个政治上比较安定的时期，会出现一批"清官"。这类"清官"是社会矛盾相对缓和的产物，是"圣君贤相"执行其"安养生息"政策的得力助手。在他们面前没有什么重大的阻力，没有什么需要大干一番的轰轰烈烈的事业，他们的名字也不大被后代人们所注意。"清静宽简"是他们居官的准则。他们的无所作为意味着少去扰乱人民的正常生产，这就是他们最好的作为。他们的历史作用就在于他们是"好皇帝"的助手和工具。一个"好皇帝"如果没有忠实的助手和得心应手的工具，自然就无法推行自己的政策，无法完成历史所赋予的使命。

随着封建经济的恢复、发展，地主阶级对农民的剥削逐步加紧。统治者的贪欲无休止地增长扩大，农民群众的生活一天一天地更加不好过。开国初期奖廉惩贪的律令渐成具文，最高统治的宝座上换了一批奢侈昏愦的庸才，官场中则充斥着贪赃枉法的惯家。在这种黑暗的局面下，官僚中的少数人觉察和忧虑腐朽风气将会给整个封建统治带来极其不利的后果。他们力图用自己有限的权力去约束习惯权利的横行，希望扭转统治阶级日益腐败的趋势。这一类"清官"是社会矛

---

① 《明洪武实录》卷二五，第 18 页。

盾逐步尖锐化的产物。他们一反前一阶段"清官"清静宽简、平流顺进的特点，显示出倔强不阿的性格和雷厉风行的作风，他们虽然仍是封建专制制度的附属物，离开专制君主所赋予的权力，便没有什么影响社会的有效手段，但是由于君主权威的衰落，整个统治机器的运转失灵，"清官"们便不得不比较独立地担负起支撑统治局面的责任，在历史上或者在人民的心目中占据一个比较显著的地位。他们在局部地区和局部范围内，改革弊政，平反冤狱，减轻赋税，赈济灾荒，约束豪强权贵的不法行为，这一切无非是为了抑制决堤而出的习惯权利的逆流狂澜，以缓和人民的反抗，延续王朝统治的生存寿命。"清官"们所要执行的任务，和他们所拥有的权力是很不相称的。由于权力的不足，他们只得以"刚直"、"严厉"、敢于任事和敢于任怨等等个人特点来弥补。人所共知的"清官"包拯、海瑞，都是属于这种类型的。包拯和海瑞活动的时代，一在北宋仁宗年间，一在明朝嘉靖、隆庆和万历初年，正当宋王朝和明王朝由盛转衰的时期。特定的时代需要有特定的人物来执行特定的使命。包拯、海瑞之流的"清官"，实际上是封建制度在矛盾尖锐化过程中的一种自我调节器。

一个大一统封建王朝各种矛盾的积累和尖锐化，是一个长期的历史过程，需要几十年以至一二百年才会达到总爆发的程度。在矛盾逐步尖锐化的长期过程中，引起农民起义的各种因素日积月累，小规模的起义不时地发生，但还没有来得及汇合成冲击王朝统治的巨大洪流。因此，"清官"们所面对的不是一个大规模农民战争已经展开的局面，而是一个表面上繁荣升平，实际上习惯权利横行无忌、反抗激流潜滋暗长的局面。"清官"们的注意力集中在遏制豪强权贵的不法行为上面，因而还能够暂时地、局部地减轻农民群众的负担。统治阶级中的"清官"在人民中传颂不绝的根据就在于此。

当然"清官"们的行动是徒劳无功的。统治阶级一天一天腐烂下去，这是无可挽回的必然趋势。海瑞曾经说："本县初意直欲以圣贤之所已言者，据守行之，自谓效可立至。迄今四载，中夜返思：日日催征，小民卖子鬻产，未有完事之日；时时听讼，小民斗狠趋利，未有息讼之期。感孚之道薄而民不化，烛奸之智浅而弊犹存。徒有其心，未行其事；徒有其事，未见其功。"①这是一个"清官"沉痛而真实的自白。后代人们在戏曲舞台上看到的顶天立地、叱咤风云、诛权贵如屠猪狗的喜剧式的"清官"，在历史上却是一些抑郁不伸、赍志以没的悲剧式人物。

有的同志不分析各个时期的"清官"，笼统地一概否定，甚至以为"清官"比豪强权贵还要坏一些。这些同志的逻辑是这样的：豪强权贵的残暴行为引起人民的反抗，"清官"反对豪强权贵的暴行只是为了消除和缓和人民的革命斗争；如果消除斗争、灭绝斗争，历史就不会取得任何进步。因此，"清官"的所作所为应该完全否定。这些同志几乎把任何暴行都当作了进步的源泉。

---

① 《海瑞集》上册，第49-50页。

剥削阶级的暴行有两种。一种暴行是打通历史前进道路的手段，如原始积累时期资产者的暴行。无产阶级当然也谴责这种暴行，但如果因为反对这种暴行而去抗拒历史发展的趋势，那就是反动的。剥削阶级的另一种暴行则是阻碍历史前进的，我国封建社会中豪强权贵的暴行即属于这一类。"清官"的反暴行斗争当然极其软弱，他们所能干预的只是千万桩暴行中的一桩和两桩，不可能改变人民水深火热的处境。但是，如果以为残酷的剥削和压迫根本就不应该反对，那就等于说：贩奴者的鞭笞可以引起奴隶反抗，因此就不应该反对这种鞭笞。

"清官"的所作所为会不会消除斗争和灭绝斗争？的确，"清官"在主观上确实抱有这种目的，指出这一点是必要的。但是在不同的历史时期，"清官"所起的实际作用却并不完全一样。当统治阶级正在腐烂，而人民斗争尚未展开的时候，"清官"的反豪强斗争却往往起了揭露封建制度的作用，这种斗争进行得越猛烈，豪强的不法行为就暴露得越彻底，人民群众对于在"太平盛世"幌子下的王朝统治的真实内容也就看得越清楚，豪强权贵粗暴地践踏"清官"的信条和设施，使"清官"标榜的理想归于澌灭，这也正好向人民群众证明了"清官"想要挽救的东西是无可挽救的。在各种复杂因素的交叉作用下，"清官"的行动产生了和预期恰好相反的结果。他们的失败引起了人民对封建统治者幻想的破灭，这种幻想的破灭是掀起大规模农民起义不可缺少的条件。海瑞死后，地主分子何良俊说："海刚峰爱民，只是养得刁恶之人。"①另一个地主分子沈德符说："海忠介所颁条约云：'但知国法，不知有阁老尚书'，于是刁民蜂起，江南鼎沸，延及吾浙。"②地主阶级异口同声地发出的这种咒骂，是不无道理的。笼统地认为"清官"的行为后果都会达到他们自己预期的消除斗争和灭绝斗争，这是对复杂历史过程过分简单化的看法。

个别"清官"挽救没落王朝的企图失败了，他们退出了历史舞台。但是，统治阶级的内部斗争还在继续下去，并且愈演愈烈。大规模的党争开始出现了，如东汉的党锢，唐朝的牛李之争，宋朝的元祐党人，明朝的东林党人，清朝的前后清流。这些党争是统治阶级内部各种矛盾的集中爆发。造成党争的因素十分复杂，每次党争都有各不相同的背景和意义，但党争中不当权的一方总是以"清官"的姿态出现（而实际上党争的双方都有许多贪赃枉法者参加在内），并在反暴政反贪赃的旗号下攻击对方。法定权利和习惯权利的矛盾达到了最尖锐的程度，采取了集团之间公开对抗的形式。大规模党争显示封建王朝最后阶段的分崩离析，它往往就是农民革命风暴来临的征兆。没落王朝的当权集团总是无比地顽固和无比地愚蠢的，它失去了任何调整改革的能力。在前一阶段，它还能对"清官"表示一定的宽容；而当人民革命阴影日益迫近的时候，它就不择一切手段地匆忙结束党争。党争的结果免不了一场恐怖的屠杀，统治阶级用相互残杀的行

---

① 何良俊：《四友斋丛说》卷十三，第109页，北京，中华书局，1959。
② 沈德符：《万历野获编》。

动向人民群众再一次证明了自己的顽固不化和野蛮残酷。腐朽的当权集团埋葬掉内部反对派，也就为外部反对派准备好了埋葬自己的条件。

伟大的农民战争像一阵疾风暴雨，把这个积满了污秽的腥臭世界大加荡涤。革命的农民既反对习惯的剥削权利，又反对法定的剥削权利。统治阶级的各个集团面临毁灭的威胁，不得不抛弃旧怨，携起手来，共同对付革命的农民。在你死我活的阶级搏战中，统治阶级所需要的不是那种可以装饰门面的"清官"，而是能够瓦解起义军的骗子以及残杀起义军的屠夫。这时候以"清官"作标榜的人，包括以前在"党争"中孑遗的党人，往往就来充当这种极其反动的角色。

农民不能够推翻旧制度、创立新制度，农民战争最后仍不免于失败。但它打乱了封建统治秩序，清理了几百年积累起来的各种矛盾、冲突，扫除了旧王朝的恶风邪气，用血和火在一片荆榛中开辟出了历史前进的道路。伟大的农民战争是推进历史发展的动力。

以上我们结合各个时期的形势对各种类型的"清官"做了一个概略的描述。当然，这种描述是极其粗糙的，需要做更进一步的剖析。我们的主要目的是想说明这一政治现象阶级的和历史的性质。"清官"是封建统治阶级中维护法定剥削权利的一种势力，从根本立场上说，他们是和人民对立的，不可能代表人民的利益和要求，忽略这一点是不应当的。这种维护法定权利的势力在不同历史条件下表现为几种各不相同的"清官"类型，有的是"圣君贤相"的得力助手，有的是封建制度自我调节的工具，有的是对付农民起义的骗子和屠夫。他们的特点和作用不完全一样。因此，笼统地肯定和笼统地否定都是不对的。只有用马克思主义观点，结合各个时期阶级斗争的形势进行具体分析，才能够对这一历史现象做出恰如其分的评价。

清代书法浅论

有清一代，实为我国书法史上之繁荣期，名家辈出，佳作如林，千枝竞秀，百舸争流，书法艺术极其丰富多彩。大体上，乾隆以前，帖派独盛，书法家远祧二王（羲之、献之），追摹唐贤，归于赵、董（赵孟頫、董其昌），继承传统，发扬光大，各具风格。乾嘉以后，碑派崛起，书法家搜求临摹鼎彝碑版，开辟创新，另成蹊径，篆隶真草，诸体大备，达到了书法史上的高峰。

所谓"帖派""碑派"，其分野始于晋室东迁。江左士族，雅擅风流，羲之、献之，为书派南迁之祖，唯南朝不尚碑刻，文字均写于缣帛，皆谓之"帖"。南帖派疏放妍妙，长于书牍，而篆隶古字，多所变更。北碑派则推崇索靖、崔悦，由于北朝刻碑勒铭之风气盛行，字体古质遒劲，长于碑榜，字体犹存古法。故南帖、北碑实由于时代、地区之不同，书写载体不同，书法之体裁风格亦迥然不同。唐太宗极喜王羲之书法，南帖遂掩北碑而上，但唐代书法家尚多识古碑，兼习南北书体，故卓然多书界之宗师。自宋刻《淳化阁帖》出，帖学更广泛流传，而汉魏碑碣掩埋于荒草黄沙之中，逐渐磨蚀。故宋元于书法家独尊南帖，其所见碑版亦不多。清代前期，承历史遗绪，唯尊南帖。尤其是康熙皇帝酷爱明末董其昌的书法，董其昌书疏淡秀逸，为帖学的集大成者。"上之所好，下必有甚焉"，董的书法，为当世所重，他刻的《戏鸿堂法帖》风靡海内。至乾隆皇帝又爱好元代赵孟頫书，一时圆润清丽的赵体字又大行于世。乾隆帝刊勒《三希堂法帖》收集魏晋至明末书法家一百三十五人，分为三十二册，而赵帖占五册，董帖占四册，两人已占全部篇幅的百分之二十八，可见清前期宗尚赵、董的时代风尚。晚清碑派兴起，力诋帖学，集矢于赵、董。如郑孝胥称要"以萧散宏远，涤赵、董之侧媚"，又说"国朝竞学董，阉然如乡愿"（《海藏书法抉微》）。康有为则称元明书法，多出赵孟頫之门庭，"姿媚多而刚健少"，又称董其昌"俊骨逸韵，有足多者。然局束如辕下驹，蹇怯如三日新妇"（《广艺舟双楫》卷二）。碑派所说固然也抓住了帖派的某些弱点，但门户之见太深，贬斥异己，一笔抹杀，未必公正。平心而论，北碑派未必都是好字，南帖派也未必都是劣书，北碑南帖，各有特色。"短笺长卷，意态挥洒则帖擅其长；界格方严，法书深刻，则碑据其胜"（阮元：《北碑南帖论》）。环境和风气对艺术的体裁、风格产生决定性的影响，很难以不同体裁和风格简单地论定艺术之优劣高下。北碑、南帖是不同时代的产物，代表不同的艺术风格，雄浑质厚和俊逸妍秀的艺术品可以并存，体裁和风格的多样化正是清代书法艺术繁荣的表现，而不是信崇汉魏，就一定要贬低宋元明，推尊北碑就必须把南帖说得一无是处。

由明入清，最著名的书法家是王铎、傅山、朱耷、朱彝尊。王铎，河南孟泽人，南明弘光朝东阁大学士，在南京迎降清兵为士林所不齿，然书法极佳，董其昌为明末"书圣"，王铎比董小三十五岁，而书名与董并称。当时著名学者黄道周曾对他逾扬备至，称"行草近推王觉斯（王铎）。觉斯方盛年，看其五十自化，如欲骨力嶙峋，筋肉辅茂，俯仰操纵，俱不由人。抹蔡（襄）掩苏（轼），望王（羲之）逾羊（欣）"（《石斋书论》），评价极高。但因王铎屈节事清，书名掩而不彰。与王铎齐名的书法家傅山，山西阳曲人，字青主。他为人与王恰好相反，傅山极重气节，清廷征召不就，以黄冠终老。他的诗说："作字先作人，人奇字自古。纲常叛周孔，笔墨不可补。"故傅山论字，推崇唐颜真卿，因其立朝正直，抗叛死节，而鄙视赵孟頫，因其以宋之宗室，出仕于元，谓赵字"熟媚绰约，自是贱态"（《霜红龛书论》）。当时人极称赞傅山的书法："行草书皆登宋人之堂，隶则中郎（蔡邕）以后，罕见其匹。"（陈玠：《书法偶集》）朱耷，南昌人，明宗室，晚号八大山人，善书画，遍临诸家法帖，善用秀笔，笔圆力重，拙中见巧，有晋唐人书风。另一位大书家朱彝尊，浙江秀水人，为博学多才的学者，既精经学，所著《经义考》为世所重。其诗词与王士禛、陈维崧齐名，其文章与魏禧、汪琬齐名。《桐阴论画》称"竹垞（朱彝尊）古隶，笔意秀劲，韵致超逸"，他精研隶书，把汉隶分为"方正""流丽""奇古"三种不同风格，为清代讲习汉隶的第一人。另一位也以书写汉隶知名的郑簠，南京人，字谷口。明亡不仕，家世业医，致力书法。自称"弱冠时，见闽中宋珏隶书颇奇，心悦而临仿之，学二十年，日就支离，去古渐远，深悔不求原本。转而直学汉碑，日夕临摹三十年，自得朴拙奇古之妙"。他和朱彝尊一起研究汉隶。在董其昌书风笼罩的艺坛上，朱、郑不满足于雷同划一之书体，努力别寻路径，虽尚未能开宗立派，自成壁垒，但其识见高远，振聋发聩，对以后碑派书法的崛起，有相当的影响。

清代前期，书法界人才鼎盛，竞呈才华，多尊崇董其昌，善行草书，以秀逸多姿见胜。其中魏裔介行书，"笔意洒脱，自饶古韵"；查士标书法精妙，"得董宗伯（其昌）神髓"；尤侗"书法有天趣"；汪琬书"在颜苏之间"；杨宾书"圆韵自然"；王士禛"书法高秀似晋人"；赵执信书"秀逸多姿"；查昇书"含蓄有致"；李光地书"妙在疏散而有风神"；林佶书"绰约可喜"。这些人的书法大多接近董其昌的风格，婉秀有余而劲挺不足。康熙中的江南三书家，姜宸英、陈奕禧、何焯颇有盛名。姜宸英，浙江慈溪人，号西溟，为清初著名散文家，字体摹法羲、献、米、董，莹秀悦目。有人评论"苇间先生（姜宸英）每临帖多佳，能以自家性情，合古人神理，不似而似，所以妙也"（梁同书：《频罗庵论书》）。"姜学晋人，用笔蕴藉，吻肩不露，结体亦高雅，不踏时蹊"（徐用锡：《字学札记》），但批评姜字"笔笔拆开看，有未足处"。陈奕禧为海宁望族，家藏碑拓甚多，习学既勤，见闻广博，他是王士禛的学生，王说："门人陈子文奕禧，号香泉……诗歌、书法著名当世。其书专法晋人，于秦汉唐宋以来金石文字，收藏尤富，皆为题跋辨证。米元章、黄伯思一流人也"（王士禛：《分甘余话》）。也有人批评"陈知用笔，点画有功，只好古字，反坠河北毡裘气"（《字学札记》）。当时书家均擅小楷而陈善写大字条幅。何焯，苏州人，号义门，学识渊博，楷书学欧阳询、文徵明，得其神韵。他和另一书家杨宾曾经在陆氏明瑟园中比赛写字，各逞所能："是日，少长咸集，群聚而观，诧为盛事，凡四日而罢"（杨宾：《大瓢偶笔》）。也有人评论何焯的字，"自己面目少，塌着笔描字，不是提着笔写字。"（《字学札记》）

至 18 世纪，清朝承平日久，修文崇学，书法艺术颇兴盛。因董其昌的字体过于柔弱，不适应清中叶升平盛世的气象，故赵孟頫的书法流行于时，形成"香光（董其昌）告退，子昂（赵孟頫）代起"（马宗霍：《书林藻鉴》）的局面。乾隆帝本人喜爱文墨，摹写赵字，他的书法秀美潇洒、珠圆玉润。所谓"高宗袭父祖之余烈，天下晏安，因得栖情翰墨，纵意游览，每至一处，必作诗纪胜，其书圆润秀发，善仿松雪"（《书林藻鉴》）。董体和赵体字虽有不同的特点，但同属柔婉一派。清代书法长期受董、赵的影响，被讥为"馆阁体"，平正滑熟，缺少变化，传习既久，陈陈相因，宫廷和朝考时，竞相仿学，有千篇一律之弊，但许多书家亦勤研苦习，吸取历史上各种不同书法艺术的风格，或继承传统而力求精进，百尺竿头，更上一步，或变异传统，锐意革新，别出机杼，自立门户，使 18 世纪之书风分为继承与变异两个流派。

蒋衡、张照可作为传统的继承派，而王澍、金农、郑燮可作为传统的变异派。

蒋衡，江苏金坛人，他是书法家杨宾的学生，书风在董、赵之间，他勤于临池，朝夕不辍，工于楷书。杨宾说"湘帆（蒋衡）十五岁从余学书，今小楷冠绝一时，余不及也"（《大瓢偶笔》）。蒋书写《十三经》，共八十余万字，历时十二年，楷法工整，结构协调，笔墨酣畅。乾隆帝命刻碑，凡一百九十块，列太学，名《乾隆石经》，为书法金石史上之宏篇，今存首都图书馆。

另一代表人物是张照，江苏华亭人，与董其昌同乡，虽年代不相及，然张的舅父王顼龄、王鸿绪兄弟都是董书法的嫡派传人，康熙帝酷爱董其昌书，爱屋及乌，宠信王氏，南巡时曾两次到华亭王氏之秀甲园。王鸿绪之书法，人称"腴润有致"，张照推崇董、王的传承，谓"思翁（董其昌字思白）笔法真造化在手，有明一代推为独座，虽松雪（赵孟頫）亦莫能与京。学思翁者多，唯俨斋（王鸿绪）司农得其骨"（《天瓶斋书论》）。张照从舅氏得董派书法，而参以赵的书艺精绝，雍乾之间，独步一时。乾隆皇帝极其推挹张照的作品。御制《怀旧诗》中称张"书有米之雄，而无米之略。复有董之整，而无董之弱。羲之后一人，舍照谁能若。即今观其迹，宛似成于昨。精神贯注深，非人所可学"。诗注中又说：张照"尤工书，临抚各臻其妙，字无大小，皆有精神贯注，阅时虽久，每展对笔墨如新。余尝谓张照书过于董其昌，非虚誉也"（《乾隆御制诗四集》卷五九《怀旧诗》）。阮元也盛赞张照的书法超过了董其昌。他说："司寇（指张照）书自是我朝一大家，然间有剑拔弩张之处，内府收藏不下数百种，以《争座位》两帖卷为甲观，笔力直注，圆劲雄浑，如流金出冶，随范铸形，精采动人，迥非他迹可比，内府所藏董文敏（其昌）《争座位》帖，以之相较，则后来居上。"张照因事下狱，与天算家何国宗同被拘押，将董派的书法技巧传于何国宗，后来的书法家梁巘曾踵何氏之门请教笔法，时何国宗年迈，未能亲自接见，令其子与梁巘谈话。此段传承关系梁巘告知段玉裁。正因张照精于书法、音律、戏曲，故张虽得罪下狱，乾隆帝宽宥之，出狱复官。张照曾书写范仲淹《岳阳楼记》，置岳阳楼上，名楼、佳文、好字，人称"三绝"。

张照是乾隆帝身边的近臣。当时在军机处或内廷供奉翰墨者，均擅长书法，如大学士、军机大臣张廷玉笔意流畅、娴熟工稳、潇洒自然。军机大臣汪由敦书体力追晋唐人，庄重之中出以冲和渊秀。军机大臣裘日修书法超俗出尘，似不食人间烟火。乾隆帝得张即之所写《南华经》，缺数册，因裘书法酷似张即之，令裘补写足成之。在野的知识分子，书写风格亦近赵、董，如著名诗人袁枚，张问陶称其书"雅淡如幽花，秀逸如美女。一点着纸，便有风趣，其妙在神骨间"。这些人的书法艺术继承传统，不脱离赵孟頫、董其昌的畦町，是当时的主流。

同时，另一些欲思有所变异的书法家，如王澍、金农和郑燮。

王澍，江苏金坛人，号虚舟，年齿稍长于蒋衡、张照，他被认为是明代文徵明书法的传人。《清史稿》称他"绩学工文，尤以书名"，"摹古名拓殆遍，四体并工，于唐贤欧（阳询）、褚（遂良）两家，致力尤深"。他考订法帖，用功很深，作《论书剩语》《翰墨指南》《古今法帖考》揭示书法要领，书家宗派。他对赵、董影响下的书法界颇感不满，说"书道关于世运，自思白（董其昌）兴，而风会之下，于斯已极"。他的眼光从传统的法帖开始转移到陆续发现的古碑碣，欣赏其字体的雄浑遒劲。他曾说："江南足拓，不如河北断碑"。转而习写篆字，为书写玉筋篆之名家，善于藏锋圆落，字体瘦健挺秀，笔力内含，平生勤觅碑碣，临摹考证，努力不懈，实开后世碑派之先河。

18世纪前期，能够突破传统，别创书写新风的应推"扬州八怪"中的金农和郑燮。金农，浙江钱塘人，号冬心，性格奇特，晚年流寓扬州，书法得力于《国山》及《天发神谶》碑，师古而不受约束，笔力厚重，结体紧密，别具一格。创"漆书"，融隶楷为一体，具有惊世骇俗的怪异之风。郑板桥赠他诗句："乱发团成字，深山凿诗书。不须论骨髓，谁得学其皮。"

郑燮，江苏兴化人，号板桥。他以分书入行楷，"创六分半书"，在用笔、结体、布局上别出心裁，卓荦不群。笔法多样而具法度，结构独特，宽窄聚散、正斜，错落有致，奇趣横生，在帖派盛行的时代，能冲越藩篱，与金农异曲同工。他把作画的方法用来写字，故蒋士铨的诗云："板桥作字如画兰，波磔奇古形翩翩"。金农、郑燮新颖而怪异的书法，引起后人的许多议论。康有为说："乾隆之世，已厌旧学，冬心、板桥,参用隶笔,然失之怪,此欲变而不知变者。"(《广艺舟双楫》)杨守敬说:"板桥行楷,冬心分隶,皆不受前人束缚,自辟蹊径。然以为后学师范,或堕魔道"。

降至18世纪后半期和19世纪前期,亦即清乾嘉时代,书法艺术进入分化、发展时期。帖学虽仍流行而碑学已迅速崛起,自成壁垒,分庭抗礼,成双峰对峙、雨水分流的形势。书法作品更加丰富多彩,精品迭出。这时的帖派书法家刘(墉)、翁(方纲)、成(亲王永瑆)、铁(保),三梁一王(同书、国治、巘、王文治),以及钱氏四家(大昕、伯坰、坫、澧)均负盛名、各具风格,而碑派书法则有桂馥导其先路,邓石如、伊秉绶立其中坚,阮元、包世臣作其护法,何绍基、赵之谦、康有为为其后劲,人才济济,各自显露丰采,形成书法艺术的蔚然大观。

刘墉,山东诸城人,号石庵。书体雄厚苍劲,味厚神足,"论者譬之黄钟大吕之音,清庙明堂之器,推为一代书家之冠。盖其融合大家书法而自成一体,所谓金声玉振,集群贤之大成也"(徐珂:《清稗类抄》)。他的特点是能融会诸家,变化创新。"少年时为赵体,珠圆玉润,如美女簪花;中年以后,笔力雄健,局势堂皇;迨入台阁,则绚烂归于平淡,而臻炉火纯青之境矣。世人每讥其肉多骨少,不知其书之妙处,正在精华蕴蓄,劲气内敛,殆如浑然太极,包罗万有,人莫测其高深也"(易宗夔:《新世说》)。他极受后人推崇,虽是帖派代表,稍后的碑派理论家包世臣也将他置于清代书家的第二人,仅次于碑派巨擘邓石如之下。而评论苛严的康有为亦称赞他："石庵出于董，然力厚思沉，筋摇脉聚。近世行草书作，浑厚一路，未有能出石庵之范围者。吾故谓：石庵集帖学之大成也。"

翁方纲，直隶大兴人，号覃溪。博学多识，为乾嘉时代著名学者，字体初学颜真卿，后学欧阳询，隶法《史晨》《韩敕》诸碑，"双钩摹勒旧帖数十本，北方求书碑版者毕归之"（《湖海诗传》）。善作隶书，小楷书体工整厚重，为馆阁体代表。翁讲书法，离不开考据，一点一画，穷究来历。包世臣讥评他"宛平（翁方纲）书只是工匠之精细耳。于碑帖无不遍搜默识，下笔必具体势，而笔法无闻"（《艺舟双楫》）。杨守敬也批评他"天分稍逊，质厚有余，而超逸之妙不足"。据说：翁方纲的女婿戈某正好是刘墉的学生，戈某问翁：刘墉的书法造诣如何？翁说：去问你的老师，他哪一笔合乎古人法度？戈某果然去问刘墉。刘墉对戈说：我写的是自己的字，不论古人法度。去问你的丈人，他哪一笔是自己的字？可见刘与翁的书法风格迥然不同，刘主创新而翁重守成。永瑆、铁保小于刘墉三十多岁，小于翁方纲二十岁，然四人齐名。永瑆是乾隆第十一子，封成亲王。永瑆亦学欧阳询、赵孟頫，其手迹刻为《诒晋斋帖》。他生长内廷，得博览所藏书迹，识见广阔，精于楷书，笔意瘦劲，神态俊逸。据称他："幼时握笔，即波磔成文，少年工赵文敏（孟頫）。又尝见康熙中某内监，言其师少时犹及见董文敏（其昌）握笔，惟以前三指握管悬腕书之，故王推广其语，作拨灯法，谈论书法具备。名重一时，士大夫得片纸只字，重若珍宝"（昭梿：《啸亭杂录》)。铁保楷书亦近馆阁体，后习摹颜体，草书学王羲之，旁及怀素、孙过庭，以纠早年板滞之病。刘、翁、成、铁四家，后世亦有訾议。如晚清书学理论家张之屏的《书法真诠》，对清代帖派一概抹杀，他有一段话说：

> 友人周祗述曰："有清一代，大名鼎鼎者，子都置之不齿。若嘉庆时之翁、铁、成、刘则何如？"曰：有人负能诗名，而工力薄弱，局径太狭者，昔人称为"盆景诗"。吾谓书画亦然。古有妙于六法，而仅工小幅者，已屡见不一见矣，即可谓之"盆景画"。清代之翁、铁、成、刘，均以书名震一时，奈既无雄伟之概，亦无妙远之情，是亦"盆景字"耳。但亦有别焉。翁则盆景之夹竹桃，铁则虞美人，成则吉祥草，刘则仙人掌也。

"盆景字"即是小摆设的意思。帖派书法秀逸多姿，而病在柔弱。平心而论，刘、翁、成、铁四家均有胜处，刘则雄健，翁则朴茂，成则俊逸，铁则丰腴，一概斥为"盆景字"，未免诋毁太甚！

三梁一王之中，梁同书，浙江杭州人，初学颜柳，中年学苏轼、米芾，晚年变化自如，卓然名家，负盛名六十年。帖派书法家，罕有善大字者，而同书擅长擘窠大字又年登大寿，九十岁尚能作小楷。"论者谓清中叶善书者刘石庵（墉）朴而少姿，王梦楼（文治）艳而无骨，翁覃溪（方纲）抚摹三唐，面目仅存，汪时斋（承霈）谨守家风，规模稍隘。惟公兼数人之长，出入苏米，笔力纵横，浑如天马行空。汪师茗（由敦）、张得天（照）后一人而已"（易宗夔：《新世说》）。梁国治，浙江会稽人，工楷书，得力于临摹唐人，洪亮吉称其为"堆墨书"。梁𪩘，安徽亳州人，书学李北海，润泽而骨肉停匀，亦董派传人，他认为得董其昌其传的，唯张照一人，其他人均逊一筹，"王虚舟（澍）用笔只得一半，蒋湘帆（衡）知握笔而少作字乐趣"（《清史稿》卷五〇三）。梁𪩘虽属帖派，但他是第一个发现邓石如的书法才能，为之指授引荐，造就了碑派书法的开山大师，功不可没。

一王，指浙江钱塘王文治，与刘墉书法齐名，而笔法与风格不同。刘墉具魄力，笔法浓重，文治讲风神，笔法淡雅，刘墉为大学士，文治殿试第三名，故称"浓墨宰相，淡墨探花"。王喜冶游，又耽佛学，辞官不就。乾隆南巡时，在杭州僧寺见王文治所书碑，极为欣赏，内廷告文治，招之出仕，王不就。

四钱系指江苏嘉定钱大昕、钱坫叔侄，江苏阳湖钱伯坰与云南昆明钱澧。钱大昕号晓徵，为乾嘉史学大师，著作等身，善作隶书，有金石气。其侄钱坫，幼从大昕学书，习篆字，昼夜不怠，工铁线篆，有盛名。坫亦颇自负，以为直桃李斯、李阳冰，自刻一印曰："斯冰之后，直至小生。"钱伯坰初学董其昌、李邕，后习苏东坡、黄庭坚，取资甚广，博而返约，书风豪放跌宕。钱澧，号南园，为学习颜真卿之名家，清中叶学颜者甚多，唯钱澧入其堂奥，字体遒劲刚健，得其形神。据郑孝胥的评论："书法至鲁公实一大变，顾其书拙重有余，秀丽不足，学之者易趋甜俗。……惟钱南园（澧）学之得其体，伊墨卿（秉绶）学之得其理，何子贞（绍基）学之得其意，翁常熟（同龢）学之得其骨，刘石庵（墉）学之得其韵，各有去取，均能避鲁公之失。盖南园、常熟兼参米（芾）法，子贞兼用北碑，石庵远溯钟繇，墨卿（伊秉绶）独用隶体，均鲁公之功臣也。"（《海藏书法抉微》）。

乾嘉时代，传统的帖学，达到了兴盛期，除刘、翁、成、铁、三梁一王、钱氏四家之外，还有以下著名书法家。

王杰，陕西韩城人，状元宰相，工赵体，书法灵秀而又雍容，人称其"有仙佛气，具富贵姿"。

姚鼐，安徽桐城人，字姬传，为桐城文派的大家，亦为清中叶优秀书法家。包世臣极推崇姚的书法，认为清朝书家，邓石如为第一，而刘墉之小真书、姚鼐的行草应并列第二，誉为"酝酿无迹，横直相安"之妙品。又说姚鼐字体"洁净而能恣肆，多所自得""宕逸而不空怯，时出华亭（董其昌）之外"（《艺舟双楫》）。

奚冈，浙江钱塘人，字铁生，是书画神童，九岁能写隶书，成人后诸体皆精，字体潇洒，又能诗词、作画、刻印，为"西泠八家"之一。

王芑孙、曹贞秀夫妇，苏州人。该地书法家书体均清秀俊逸，而王书遒厚挺拔，人称其力矫吴门书法。其妻曹贞秀，书法钟、王，与其夫共写前后《赤壁赋》，为士林所重。人称"墨琴夫人（曹贞秀）书，气静神闲，娟秀在骨，应推本朝闺秀第一"（《鸥波馀话》）。

降至嘉道（19世纪前期），碑学日隆，而帖派传人，尚绵延不绝。其中吴荣光，书法欧、苏，他的榜书"神采雍容，气韵绝佳"，康有为极其推崇他的这位同乡前辈（吴与康均为广东南海人），称吴荣光"专精帖学，冠冕海内"（《广艺舟双楫》）。李兆洛，江苏阳湖人，勤于临摹，终日临池，长于草书。张迁济，浙江嘉兴人，初学王、颜，中年后"书法南宫（米芾），草隶独出冠时"（《清列传》），又能以大篆参颜法作楷行书，朴拙雄浑，饶有别趣。梁章钜，福建长乐人，习欧阳询、董其昌，工行楷，笔法劲秀。林则徐，福建侯官人，为爱国的民族英雄，又是近代睁眼看世界的第一人，习欧体，工楷书，晚年致力于书法，远近争来，缣褚为空。程春海曾给他赠联云"理事若作真书，绵密无间；爱民如保赤子，体贴入微"。将林的善书法和从政业绩联系起来，撰成联语，甚为贴切。

清初至中叶，有造诣的书法家很多，以上标举数十人，约略指明各个时期不同人物的书法风格。这些书法家绝大多数是帖派书法，宗尚晋唐宋明以来的传统法帖，尤其是沿着赵孟頫、董其昌的道路发展而来，但他们之中也各有优长和特色，有的刚健，有的婀娜，有的雄浑，有的平正。有的专宗赵孟頫、董其昌，有的兼习欧、颜、苏、米，也有的转向碑石。迨清代中叶，碑派异军突起，逐渐凌驾帖派之上，这是中国书法史上的一大变革。新起的不少碑派书法家对帖派颇多非议，讥责帖派书艺"卑弱柔媚，千篇一律"。如晚清书法家郑孝胥说：

> 盖以书取士，启于清代乾隆之世，尔时盛用赵孟頫，
> 间及颜清臣（真卿），一时名流，书体大率相似，方板
> 纤弱，绝无剑戟森森之气，自兹以后，杂体并兴，欧、赵、
> 颜、柳，诸家并用，体裁之坏，莫此为甚。（《海藏书
> 法抉微》）

　　他极力贬抑帖派书法家，认为碑学的式微造成了书法界
"方板纤弱"之弊。另一晚清书法家叶德辉对清朝书法全部
否定，进而非议唐人，专宗古碑，认为只有汉魏碑石才算书
法的正宗。他说："碑体至宋而微，至元而绝。……自后《兰亭》
《阁帖》，执耳主盟。终明之季，虽董文敏（其昌）负书圣
之名，于碑法实未梦见。有清一代，百学复古，惟书法一道，
陷于禄利之境，虽豪杰不得不随朝廷风气为转移。康熙好董
书，故其时朝野上下皆尚董体。乾隆好松雪，故一时书家巨
子皆染赵风，道光学颜书，迄于同光，颜体几为帝王家学。
当乾嘉时，各书家至今为海内推重者，若刘墉、翁方纲、成
哲亲王、梁同书、王文治、钱沣，寸缣片楮，珍若琳琅。刘
书先董后颜，翁则一生学唐碑，终以欧阳询小楷《千文》为
归宿，成邸早年学赵，晚年学欧，颇饶风采。梁出董，王出赵，
钱出颜，均一朝所尚也。诸家唯翁有碑法，余皆帖耳。"（叶
德辉：《郋园山居文录》）

　　郑孝胥、叶德辉把帖派书艺一概抹杀，实为片面之见。
康有为和他们的意见一样，说："国朝之帖学，荟萃于得天（张
照）、石庵（刘墉）。然已远逊明人，况其他乎！流败既甚，

师帖者绝不见工。"（《广艺舟双楫·尊碑》）他在《卑唐》一篇中，鄙薄唐代书法，称：

> 至于有唐，虽设书学，士大夫讲之尤甚。然继承陈隋之余，缀其余绪之一二，不复能变，专讲结构，几若算子，截鹤续凫，整齐过甚，欧虞褚薛，笔法虽未尽亡，然浇淳散朴，古意已漓，而颜柳迭奏，渐灭尽矣……以魏晋绳之，则卑薄已甚。若从唐人入手，则终身浅薄，无复有窥见古人之日。（《广艺舟双楫》）

碑派理论家的这种意见，对后代书法界很有影响。其实所见偏执，并非公正之论。帖派、碑派，各有擅长，亦各有弱点，"碑重点画，务平直而易成刻板；帖重使转，务姿媚而易入偏软"，技法不同，字体不同，风格不同，不能以此家之标准，衡量别派之短长。譬如宋词为中国文学中之重要体裁，有周、姜之婉约，苏、辛之豪放，婉约派抒写花间月下，儿女情长，清丽秀逸；而豪放派高唱大江东去，英雄襟怀，慷慨沉郁，彼此不能取代。碑帖之技法亦不相同，包世臣等碑学家强调"腕平掌竖""全身力到"，用笔必"逐步顿挫，行处皆留"，这种技法，写大字、写篆隶比较适宜，字体显得刚劲、具金石气，而帖派执笔一般宽松虚灵，有时振迅疾书，勿任拘滞，适宜于行草书，字体显得潇洒流贯。故碑派善篆隶而帖派善行草，各有所长。书法家明于此理，碑帖皆习，取其长而去其短，书艺才能蒸蒸日上。

乾嘉以后，碑派的崛起，给书法艺术注入了活力，焕发出生机，可称是书法史上的一场革命。碑派的兴起自有其历史背景。自唐宋以后的一千多年，帖派统治书坛，一枝独秀，日渐衰落，群思变革，希望开拓书法艺术的新境界。明末清初的徐渭、朱耷、金农、郑燮，书体怪异，代表着探求的努力，但尚未能形成与帖派分庭抗礼的新书派。18世纪，中国整个学术风尚不变，汉学盛行，如日中天，乾嘉之际，名家辈出，崇汉考古之风大盛。而古代的鼎彝、碑刻、摩崖发现日多，其古朴端美的线条、雄浑腾越的意趣触发了艺术家的灵感，他们探求、研究、临摹、融通，倾注了大量的精力和热情，使得埋没千年的破铜断石、漫漶字迹显示出珍贵的价值。回归上古的浪潮犹如整个学术界崇汉之风一样，横扫书法界。因此，碑学大盛，一直发展到"三尺之童，十室之社，莫不口北碑，写魏体"。康有为有一段话阐述了碑派崛起的原因：

> 碑学之兴，乘帖学之坏，亦因金石之大盛也。乾嘉之后，小学最盛，谈者莫不藉金石以为改经证史之资，专门搜辑，著述之人既多，出土之碑亦盛。于是山岩屋壁，荒野穷郊，或拾从耕夫之锄，或搜自官厨之石，洗濯而发其光采，摹拓以广其流传。……今南北诸碑，多嘉道以后新出土者……出碑既多，考证亦盛。于是碑学蔚为大国，适乘帖微，入缵大统，亦其宜也。(《广艺舟双楫·尊碑》)

对碑体兴起做出贡献的书法家应推桂馥、邓石如、伊秉绶、陈鸿寿、阮元、包世臣、何绍基等。

桂馥是著名的小学家，著《说文义证》五十卷，习写分隶、临摹汉碑，融会贯通，自出机杼，字体醇厚质朴、气势磅礴，人称"百余年来，论天下分隶，推桂未谷（桂馥）第一"（《松轩随笔》）。他观摩清乾隆以前的隶书艺术，对许多书家做了评价："傅青主（山）如蚕丛栈道，级幽梯峻，康衢人裹足不往；王觉斯（铎）如壮夫挽强，徒以力矜，不必中的；郑谷口（簠）如淳于髡、东方曼倩滑稽谐谑，口无庄语；林吉人（佶）如茅山道士，辛苦求仙，恨无金丹换骨；朱竹垞（彝尊）如效折角巾，聊复尔尔；陈子文（奕禧）如田舍翁说古事，往往附会；查德尹（嗣瑮）如杨玉环华清浴罢，娇不胜衣；王虚舟（澍）如窗明几净，炉烟缕缕；金寿门（农）如孔雀见人著新衣，辄顾其尾；高且园（其佩）如山阴访戴，兴尽而返；杨已军（法）如左手持螯，睥睨食肉人；郑板桥如灌夫使酒骂座，目无卿相。"（桂馥：《国朝隶品》）他评点文字，睥睨众贤。在他看来，写隶书的人虽不少，均未臻上品，没有得到古碑书法的精髓，桂馥可算是振兴隶体、鼓吹碑学的先驱。

在书法艺术上能够开辟新径、壁垒一新的首推邓石如。邓石如，安徽泾县人，字完白，家境贫寒，布衣一生。少年时即好书法刻印，梁巘见之，以为可造之才，荐到著名数学家梅文鼎后裔的家中居住，梅家多藏鼎彝碑拓，邓石如在此居住八年，尽观秦汉以来金石善本，学篆五年，学隶三年。

每天晨起，研墨汁满盘，临池摹写，至夜间墨尽，方才休息，严寒溽暑，从不停辍。其篆书习李斯、李阳冰，"而纵横开阖之妙，则得之史籀"，隶书"遒丽淳厚，变化不可方物"。离开梅家后，浪迹江湖，在皖南街市售字糊口，为阳湖学者张惠言所见，张告金榜"今日得见上蔡（和峤）真迹"。金榜与张惠言都善书法，爱才若渴，冒雨至荒寺中寻访，延请至家。金榜是乾隆时状元，家有宏丽之祠堂，楹联榜额本皆金榜所书写，见邓石如书，命尽数撤换，全部请邓改写，其见重如此。金榜荐邓于尚书曹文埴，誉为"四体（篆、隶、真、草）皆国朝第一"。曹携邓石如入京。著名书法家刘墉与鉴赏家陆锡熊见其书法，踵门求见，极赞邓之书法"千数百年，无此作矣"。后邓又入湖广总督毕沅幕，他一生作字，不应科举，不治营生，毕沅为之购置田产养老。邓石如发扬碑体，独步书坛。他撷汉魏之古体，寓近代之神韵，于雄浑古朴之中发扬俊逸的风采，取得创造性的成就，奠定了碑派的基石，故当时名流，对他无不倾倒。后来康有为赞颂他："上掩千古，下开百禩，后有作者，莫之与京矣！"

继邓石如之后有伊秉绶，福建宁化人，号墨卿，亦碑派中坚，善隶书，取法汉碑，参以颜楷，书法高古，别具风格，外似拙直，内蕴劲秀，笔画坚挺，人称其"力能扛鼎""墨卿（伊秉绶）遥接汉隶真传，能拓汉隶而大之，愈大愈壮"（《退庵随笔》）。何绍基作诗称赞："丈人八分出二篆，使墨如滦楮如简。行草亦无唐后法，悬崖溜雨驰荒原。不将俗书薄文清（刘墉谥文清公），觑破天真观道眼。"此诗道出了伊秉绶锐意复古的书风。

陈鸿寿，浙江钱塘人，号曼生，为"西泠八家"之一，工书画篆刻。他和伊秉绶相似，力追古风，从秦汉碑瓦铭刻和摩崖勒石中揣度笔意。善作篆书、隶书，古朴自然、空灵奇秀。有人称赞他"鸿寿篆刻追秦汉，浙中人悉宗之，八分书尤简古超逸，脱尽恒蹊"（《桐阴论画》）。又有人说"曼生酷好摩崖碑版，行楷古雅有法度，篆刻得之款识为多，精严古朴，人莫能及"（《墨林今话》）。我们看到，18世纪之末，碑派名家接踵而起，他们寻索古碑，摹写汉魏石刻，锐意创造，善作篆隶，多写大字，形成了和清前期唯知法帖，多作行草、小楷迥然不同的艺术风格。

碑派兴起，为它做理论上的鼓吹者是阮元和包世臣。阮元，江苏仪征人，号芸台，历任巡抚、总督、大学士，位高望重，又是知名学者，他寝馈《石门颂》，书法极有法度，"作擘窠大字，纵横排荡，无一不与神合"（《枕经堂题跋》）。作《南北书派论》《北碑南帖论》，俱载于《揅经室集》中，阐明了帖派、碑派的书法源流演变和特色，促进和推动了嘉道以后书法艺术的变化。包世臣，安徽泾县人，字慎伯，号倦翁，更是碑派书法的护法神。他是邓石如的弟子，著名的书法理论家和教育家。所著《艺舟双楫》为书法艺术的经典之作。包世臣把清代书法家91人列为九品，推崇自己的老师邓石如为清代书法第一人，说邓的篆隶，是"平和简静，遒丽天成"的神品。他的论书绝句说："无端天遣怀宁老（指邓石如），上蔡中郎（和峤、蔡邕）合继声。一任刘（墉）

姚（鼐）夸绝诣，偏师争与撼长城。"其诗注中说："怀宁布衣邓石如顽伯，篆隶分真狂章，五体兼工，一点一画，若奋若搏。盖自武德以后，间气所钟。百年来，书学能自树立者，莫或与参，非一时一州之所得专美也"（《艺舟双楫》）。包世臣少年时书法不佳，而力学不倦，临摹《兰亭序》数十遍，每日写四字，每字连书数百，"转锋布势，必尽合于本乃已"。晚年，遇邓石如，邓授以笔法"字画疏处可以走马，密处不使透风"。包世臣评自己的书法："余书得自简牍，颇伤婉丽。"他的弟子和私淑者很多，几乎统治了晚清的书法界，如吴熙载、张裕钊、赵之谦等。但与包世臣齐名的碑派书法家何绍基却批评他："慎翁（包世臣）于平直二字全置不讲，扁笔侧锋，满纸皆是。特胸有积轴，具有气韵耳！书家古法，扫地尽矣。后学之避难趋易者，靡然从之，竞谈北碑，侈为高论。"（《东洲草堂书论钞》）

何绍基是碑派书家的重镇，造诣极高。早年随其父何凌汉练字，后习北碑。自言其学书过程："余学书四十年，溯源篆分，楷法则由北朝求篆分入真楷之绪"。又说"余二十岁时，始读《说文》，写篆字，侍游山左，厌饫北碑，穷日夜之力，悬臂临摹，要使腰股之力悉到指尖，务得生气"（《东洲草堂书论钞》）。这种作字方法，称"回腕法"，很费力也很难学，据说：何作字片刻，便大汗淋漓。包世臣尊碑抑帖，而何绍基与之不同，尊碑而不废帖，早年临摹颜、欧，以后攻习《张黑女》《张迁》《礼器》《曹全》等碑铭，吸收各方面的长处，书法遒丽生动，人称有仙气。郑孝胥最服膺何绍基书法，郑的诗中说："蝯叟（何绍基）吾酷爱，谓可追杨风。玩其使笔处，如开两石弓。篆书到阳冰，分书迈蔡钟。真行已小低，米董一扫空。主张在北碑，摆脱余颜公。"（《题蝯叟书册》）从此诗中可以窥见何绍基作品之佳及用笔方法。

晚清书法家多出于包世臣之门。吴熙载，江苏仪征人。"博学多能。从包世臣学书。世臣创明北朝书派，溯源穷流，为一家之学。……熙载恪守师法……篆分工力尤深"（《清史稿》），其书法古雅质朴、圆匀工整。行书亦佳，"多从包世臣出，苍厚郁茂，掺入北魏笔意，一扫馆阁纤弱之风"（《广艺舟双楫》）。包的另一弟子梅植之，与吴熙载齐名，其书"跌宕遒丽，煅炼旧拓，血脉精气，奔赴腕下，熙载未之敢先"（《广艺舟双楫》）。包门弟子中最杰出的应推张裕钊，湖北武昌人，他是桐城派的古文大家，工隶楷，隶书得力于《张猛龙碑》，"由魏晋六朝以上窥汉隶，临池之勤，亦未尝一日辍"（《清史稿》卷四八六），楷书亦清峻超俗，神采飞扬。康有为对张极为赞赏，说他"集碑学之成"。"湖北有张孝廉裕钊廉卿，曾文正公弟子也。其书高古浑穆，点画转折，皆绝痕迹而得态逋峭特甚，其神韵皆晋宋得意处。真能甄晋陶魏，孕宋梁而育齐隋，千年以来无与比"（《广艺舟双楫》）。康有为对张裕钊书法评价特高，张的笔意，以刚健胜，锋芒毕露，字形略长，别具一格，为"新魏碑体"的滥觞。包世臣的弟子很多，不一定都恪守包氏尊碑抑帖的观点，如吴德旋，江苏宜兴人。虽曾从学于包，但颇好法帖，自称"泛滥于唐宋元明诸家十余年，而私心所好，仍在东坡、思白（苏轼、董其昌）"（《初月楼论书随笔自述》）。

包派的另一传人赵之谦，浙江绍兴人，号扢叔，亦是晚清书坛的巨匠，对后世书法影响甚大。他初学颜体，后专意魏碑，篆隶师法邓石如、吴熙载，而能融会贯通，自成器局。又能以篆隶之法写行楷，书风圆融、妩媚、流丽，善作大字。继邓石如、何绍基之后，开创了碑派书法的新风格。赵之谦将自己的书法与何绍基相比较，称"何道州（绍基）书有天仙化人之妙。余书不过着衣吃饭、凡夫而已"。他说出了何与自己不同的书风，何书古雅奇崛，难以学习和掌握，而赵书平易优美，受人喜爱，成为众人模仿的对象。但康有为对赵颇有微词，他说"赵扢叔（之谦）学北碑，亦自成家，但气体靡弱。今天下多言北碑，而尽为靡靡之音，则赵扢叔之罪也"（《广艺舟双楫》）。

其他晚清书家，在碑体鼎盛的风气中，无不研习魏碑，而写作篆体者特众。其中，杨沂孙，江苏常熟人，善作篆籀，将钟鼎文的凝重，融入了小篆的线条，表现出方圆互济、明快健劲的特色，他自负篆籀已超越邓石如，说："吾书篆籀，颉颃邓氏，得意处或过之，分隶则不能及也。"（《清史稿》卷五〇三）徐三庚亦宗邓石如，其篆字细腰婀娜，体态多姿。莫友芝的篆书"漫厚宽博，有金石气"。吴大澂，江苏吴县人，好集钟鼎，手自摹拓，字形端正，神气内敛。翁同龢，江苏常熟人，戊戌维新中支撑变法的大臣。他幼学欧、赵，后学颜真卿，晚年又临摹《张迁》《礼器》等碑，博采各体之长，不拘一格，蕴藉雍穆，气势雄阔。"相国（翁同龢）生平，虽瓣香翁覃溪（翁方纲）、钱南园（钱澧），然晚年造诣，实远出覃溪、南园之上。论清代书家，刘石庵外，当无其匹。光绪戊戌以后静居禅悦，无意求工，而超逸更甚"（易宗夔:《新世说》）。翁同龢书法所以有很高的成就，在于他既熟习欧、颜、赵、董之体，又"时采北碑之笔"，故能治帖、碑于一炉，巍然为书界名家。

其他书家，如杨守敬收藏金石碑版甚多，四体皆工，尤擅行书，书体腾挪翻复，如游龙舞凤，曾在日本教授书法。吴昌硕，浙江安吉人，兼善书画刻印，他的楷书学颜真卿，隶书学汉石刻，篆书学石鼓文，尤其是篆书用笔结体，一变前人成法，苍劲浑厚，朴茂雄骏，力透纸背，独具风骨，名满天下。近代书画家齐白石、陈师曾、王个簃、沙孟海均出其门下。沈曾植，浙江嘉兴人，字子培，融汉隶、魏碑、章草于一炉，自出机杼，字体生动活泼，仪态万千。金蓉镜说他"由帖入碑，融南北书流为一冶，错综变化，以发其胸中之奇，几忘纸笔，心行而已"。郑文焯亦兼采碑帖之长，"遒逸古雅，美妙冲和""得碑意之厚，而无凝滞之迹"。李瑞清，早年学颜、柳、黄山谷，后习汉魏碑石。他写北碑，参以篆法，又穷究《阁帖》源流，博采众长，自称其书法"纳碑于帖"，亦卓然成家。

晚清书坛的殿军应推康有为。他继包世臣之后，作《广艺舟双楫》，扬碑抑帖，强烈鼓吹碑派书法，蔑视唐宋以后的一切书法家。其观点不免有偏激处，但阐明书法理论，品评书家特色，陈说书派源流，分析指法笔意，多独到之见，此书嘉惠学人，有功于书界。他少年曾学欧、赵、苏、米各体，后来听老师朱次琦盛赞邓石如"作篆第一"，"因搜求之粤城，苦难得。壬午入京师，乃大购焉。因并得汉魏六朝唐宋碑版数百本，从容玩索，下笔颇远于俗，于是翻然知帖学之非矣"（《广艺舟双楫》）。从此，康有为成为碑派的中坚人物。他攻习魏碑，得力于《石门铭》，称赞此碑"若瑶岛散仙，骖鸾跨鹤"，列为神品。他的书艺作品，雄奇刚健，极有奇势，开阖翕张，富有个性。"其执笔主平腕竖锋，其用墨浸淫于南北朝，气韵胎格，与写经为近"（《新世说》）。他自称书法鉴赏的能力高于创作的能力，所谓"吾眼有神，吾腕有鬼"。

以上略述有清一代近二百七十年书法的发展变化。清前期继承千余年法帖的传统，书法是知识界普遍娴习的技能。一时书手如林，争妍竞秀，作品繁富。而有一些书家，不满足因袭旧规，思欲突破藩篱，有所变异。至清中叶以后，碑学崛起，摹研古石，名家踵起，碑帖分流。晚清的书法艺术在充分吸收帖学的丰厚积累之后，又得到新发现的汉魏碑碣的启示和滋养，进入了更加丰富多彩的新境界。故叙述其书法之源流演变，略加抒发，以就正于方家。

史论纵横

历史研究的方法

　　研究工作并不是专业研究者所独有的。同学们将来无论做什么工作，是做教学工作，做研究工作，还是做其他方面的工作，如文化、出版工作，恐怕各行各业都要进行研究，都要研究问题。

　　我讲的研究方法是具体的研究方法，不是指世界观、方法论的方法。因为我们的根本方法是唯物辩证法，是马克思主义的辩证法，辩证法是指导我们革命，指导我们做学问，指导我们一切工作的根本指针。具体方法是离不开根本方法的，是由根本方法决定的，是不能违反唯物辩证法的。

　　我们做任何事情，完成任何任务，都有一个方法问题，因此我们进行研究也有个方法问题。打个比方，我们要过一条河，可以坐船过去，或者从桥上走过去，或者游泳过去。要完成一件工作、一项任务，方法可以是各种各样的。如果方法不对头，就容易走弯路，影响任务的完成，劳而无功。学术研究也是这样，要讲究方法，要改进我们的方法。什么是好的方法，什么是不好的方法，这个问题是相对的，因人而异，不是绝对的。某种方法对我来讲，比较适合，可以收到较大的效果，这就是好方法。可是适合我的方法，对你就不一定完全适合，因为研究的对象不同，或研究的范围不同，采取的方法就可能不同。别人的研究方法可以供自己参考，但仅仅是参考，仅仅是借鉴，不能够完全照搬别人的方法。因此，根据我的体会，每一个研究工作者都应当在自己的研究实践中寻找适合自己的方法，摸索自己的研究道路，形成自己的研究风格。

研究各种各样的问题，所采取的研究方法不一定完全一样，但是研究方法是有共性的，都要符合研究工作的规律，都不能违背科学研究的规律。今天我讲三个问题：第一个问题，怎样收集和积累资料；第二个问题，怎样锻炼和提高思考能力；第三个问题，怎样写文章。这三个问题，实际上是我们做研究工作的三个步骤。

一、怎样收集和积累资料

进行科学研究，一定要掌握大量的第一手资料。我们的研究要从事实材料出发，而不是从定义、概念出发，要实事求是。有一位著名的科学家曾经说过，事实材料对于研究者来说就像空气对于鸟一样：没有空气，鸟就不能起飞；没有事实材料，研究者就不能进行科学研究，就不能筑起辉煌的科学殿堂。

事实材料是大量的，而且是分散的。"二十四史"浩如烟海,有三千多卷,但是对我们历史研究工作者来说,"二十四史"只是最基本、最普通的材料,其他的材料还多得很。就拿清史来讲,一部《清实录》的数量就超过"二十四史",有四千多卷。《清实录》是二手材料,还不是第一手材料。现在藏在中国第一历史档案馆的清代中央机构的原始档案一共有一千多万件,仅管理这些材料的人就有二百多。他们出了一个刊物,名字叫《清代档案资料选辑》,每年出四期,照这样的速度,如果要发表完这些档案,至少要一万年。可见其档案之多。除档案以外,还有很多资料,如文集、地方志等。我们一辈子搞研究,一辈子在无边无际的材料海洋里漂浮,夜以继日,勤奋努力,怎么用功也只能窥测到大海的一个很小的角落。一个人要把中国五千年的历史全部进行精细的研究是不可能的,即使要把清朝这一朝的历史进行精细的研究也是不可能的。一个人穷一生之力,也只能看到大海的一个角落。因此,在这个大海中航行,首先有个目标的问题,也就是研究的方向、研究的范围问题,不能笼统地说研究中国历史,而只能说研究中国历史的哪一段、哪些问题、哪些方向、哪个题目,所以首先有个选题问题。

除了选题问题,还有个收集材料、积累材料的方法问题。怎样收集那么丰富但又杂乱无章的材料,怎样保存和使用它们?

材料的收集,不能单靠记忆。一个人的记忆力总是有局限的,总是不能那么准确。连很复杂的数字也能记得一字不差,恐怕没有这样的天才。收集材料要使用卡片,卡片的作用、功能是帮助我们记忆，一定要把有用的、重要的材料抄录下来。搞研究工作的人，一般都写卡片或者做笔记，至于将来可能用电脑，但是目前我们的科学技术条件，恐怕在相当长的一个时期内还很难做到这一点。在可以预见的将来，写卡片仍然是做学问的一种重要研究手段。

卡片可以分为两种。一种是材料卡片，有了研究的题目，阅读相关研究范围内的重要材料，把它们写下来，记录下来，然后注明它们的出处和作者，以便将来引用。有的材料可能相当长，还要加上标题说明这个材料讲的是什么主题。这样，拿出卡片一看标题，就知道这张卡片所讲的是什么内容了。

搞学问、从事研究工作应该很勤奋。实际上，我们很多的时间都花在写材料、抄录材料上，恐怕这也是必需的，目前还没有其他捷径。找老专家、老教授，问他们如何进行科学研究，他们可能搬出几箱卡片给你看，这里包含着他们毕生的心血和积累。对一个学者来讲，这些材料十分珍贵。

另一种是思想卡片，不是积累材料，而是积累自己的思想。我们往往看到一些材料以后，会有一些片断的、零碎的想法，应该立即把它们记录下来，因为思想的火花稍纵即逝，如不及时记录下来，以后就可能忘记。这样日积月累，对很多问题就会有比较系统、成熟的看法。

写卡片要注意两点。第一是要抄材料，但不要光抄材料，变成抄公文。要开动脑筋想问题，养成一边看书、一边思考的习惯。不要一进图书馆，翻开书本就抄，还要用自己的脑子好好考虑考虑，要用自己智慧的光芒照射这些材料，进行分析、思考、总结、概括。这对我们进行研究是很重要的。另外，卡片要经常翻阅、整理，不要抄了以后就束之高阁，不过问了。要经常看，而且要进行分类整理。卡片相对于笔记本的优越性就在于可以重新分类，根据不同的需要、按照不同的分类方法重新编排，可根据时间顺序，也可根据内容，或者根据地区进行分类。

分类整理的过程，就是思考的过程。把同类材料放在一起，就有个比较，就可以看出发展变化。世界不是孤立的世界。从一张卡片可能看不出问题，但如果是十张、二十张卡片，甚至更多的卡片，它们所反映的是一个发展的过程，不是一个孤立的事件，相互之间比较，就可以看出问题。譬如说，我们研究粮食的价格，清朝皇帝对地方官有个要求，要求经常上报当地的粮食价格。故宫里粮价单非常多，这就可以进行研究。康熙十年，苏州地区粮价是多少，仅一张卡片是看不出问题的。如果把苏州地区的很多粮价单集合起来，康熙十年是一个价，康熙五十年是一个价，雍正时是一个价，乾隆时又是一个价，连续起来，几十年、上百年，那么它们所告诉你的就不是一个孤立的事件，而是一个粮食价格的变动过程。把这些卡片集中在一起，就可以看出苏州地区有清一代粮食价格的变化，甚至可以画出图表。这就是我们进行研究工作的开始，就可以进一步问：是什么原因造成粮食价格变动？是自然的原因还是社会的原因？上涨和下降的幅度为什么这样大？就可以探讨规律性的东西。这就向我们提出了研究的课题，是一项很有意义的研究工作。

把同类卡片放在一起进行比较，有时可以发现一些矛盾。如太平天国金田起义的日期，把凡是记载太平天国起义开始的材料放在一起，就可以看到几十种说法。金田起义日期现在一般公认为 1851 年 1 月 11 日，但是一些相当权威的说法却与此不一样。比如，李秀成的说法、洪仁玕的说法、赖文光的说法等。李秀成、赖文光都是一开始就参加起义的人，洪仁玕也是太平天国的元老，他们的说法就不一样，有的竟相差半年之久。为什么不一样？这就值得研究。太平天国起义究竟在什么时候？当然，我们经分析，定在 1 月 11 日是有道理的，问题是这个道理是否充分。近代历史上像这种问题还有很多。比如，同盟会成立的时间。1905 年秋，这是肯定的，但究竟是几月几日？有几种说法。兴中会的成立时间也有几种说法，甚至当时参加的人都记不清了。我曾亲自问过吴玉章，他是参加过 1905 年同盟会成立会的，但他也记不清了。那么，我们就要在众多不同的记载中进行比较，以确定相对合理的说法。

二、怎样锻炼和提高思考能力

思考是研究工作中决定性的环节。我们搞的是精神活动、意识形态。一定要勤于思索，善于分析，提高自己的思考能力。

我们进行研究，当然需要大量丰富的材料，没有大量的材料，没有很充分的第一手材料，就不能进行科学研究。掌握材料是前提，但材料掌握得很多，如何来进行分析，如何驾驭这些材料，这又是一个问题。有的同志，虽然材料掌握得很多，但对材料的思考、分析进行得不够，因此不能深入历史的本质，不能揭示历史的规律，而只是停留在罗列、排列材料的水平上。这不能算是很好地完成了科研任务，没有进行科学的概括，没有进行科学的抽象，仅停留在材料的表象上。

孔子曰："学而不思则罔，思而不学则殆。"这是讲学与思的关系，光学习而不思考，只埋头于收集材料而不进行思考，就不会有重大的收获，就不会有重要的科研成果；反过来，只在那里想而不去读书，不去收集材料，那就成为空谈家、空想家，同样也不行。所以，学与思要兼顾。资料的收集和储存都是非常重要的，但不能代替我们创造性的思考。攀登科学的高峰，必须要开动脑筋，必须要发挥我们的思辨能力，因此对刚刚在科学研究道路上起步的同志来说，要养成思考的习惯，锻炼思考的能力，这是一个非常重要的问题。

一般地说，让大家看材料做卡片，都容易理解。到图书馆坐下来，确定一个研究范围之后，开始看书，这是比较容易做到的。只要用功，只要有志于进行研究，就可以做到。但要求开动脑筋思考问题，就不知从何下手。怎么思考？怎么提高自己的思考能力？最重要的就是经常阅读那些富有思想内容的名著，主要就是马、恩、列、斯、毛的著作，还有历代思想家的著作，向这些经典大师学习，取得思想武器。

我们读书，不能一头扎进材料而不读理论书，必须重视理论。读马克思的《资本论》、恩格斯的《反杜林论》或毛泽东的著作，就会被一种思想的力量所吸引。只要认真读，就会感觉到这些书里蕴藏着高度的智慧、深刻的洞察力。我们所要学习的，就是这样一种思考的能力。向马列主义经典著作学习，就是要学习这种思想武器。马列主义是科学的思想，是总结了人类智慧的最高结晶。它给我们的一个重要武器就是，处理问题、研究学问、提高自己的思考能力的方法。思考能力并不是天生就有的，而是需要锻炼的。锻炼的方法，就是读这种富有思想内容的书籍。学习这些经典作家是如何观察问题的，他们对一个问题的处理与考察是怎样进行的。要学习这种方法，所以我们一般讲，要学习马克思主义的立场、观点、方法，以马克思主义为指导，掌握精神实质。当然，每个专业都有自己的课程，但是各个专业有一门共同的课程，就是马列主义。因为它是一门锻炼思想，提高我们的分析能力、思考能力的科学，也是我们进行创造性思考所不能缺少的思想武器。除马列主义经典著作，其他重要的古典著作，像哲学的、历史的、文学的、经济的、法学的等，我们也应该读，用来开拓自己的知识面。

　　注意扩大我们阅读的范围，关心理论界、学术界的新成果。历史系要培养历史学家，当然历史课程是主要的课程，历史书籍是主要阅读的书籍，但所谓专家，不是知识面非常狭窄，仅仅限于一个专业、只注意鼻子底下一点点东西的人，而是具有比较丰富的知识的人。专与博这一对矛盾的统一要处理好。我们的专是在有丰富知识基础上的专，只有知识渊博，我们才能思路开阔，这是培养与提高我们的分析能力、思考能力的一个不可缺少的条件，只有博才能促进专。如果只读专业领域的书，专业以外的书一概不读，这就限制了知识面，也限制了思路。专与博相反又相成，是辩证的统一。专是在丰富知识基础上的专，博也是有一定专业方向的博。有人说，马克思就像一艘待发的军舰，任何时候都可以开到任何知识的海洋，在任何知识的海洋中都能进行战斗，都能进行研究，都能进行工作。这就是说马克思的知识非常渊博，他的思想非常敏锐，洞察力非常深邃。当然，像马克思这样拥有如此渊博的知识，我们还做不到，但他是我们学习的榜样，我们应该向这样的方向去努力。

因此，一方面阅读马列主义经典著作，一方面阅读其他各方面的书籍，开阔我们的视野，经常用人类的优秀成果培育自己、武装自己、提高自己。如果不这样，就会变得头脑麻木、鼠目寸光，就会失去理论上的、思想上的敏锐性，思考能力就会变得迟钝。如果问怎样才能发展思考能力，怎样才能锻炼我们分析考虑问题的能力，我认为，要提高我们的思考能力，最重要的方法就是学习哲学，阅读有丰富内容的各种书籍，读名著。我们在高等学府，应该读一些第一流的书籍，而不止是一般的普及性书籍，大学生要学习最高的榜样、思想的榜样。我们要多方面提高思考能力，养成思考的习惯。科研工作最大的困难就是思考问题、分析问题，能否成功，最大的关键就在于此。

有的同志说，材料掌握了很多，也看了，但就是思考不行。其实思考能力强不是天生的，而是锻炼出来的。我们在学习阶段，就是要培养独立思考的能力。高等学校的一个很重要的任务就是，教会学生如何思考。锻炼之初，思考境界不可能非常高。如果不去锻炼，不去培养，思考能力就不可能发展，反之则会逐步提高。只要持之以恒，独立思考，不人云亦云，进行一种创造性的思考，时间长了就一定会有成绩。王国维先生是19世纪末20世纪初的一位大学者，在史学上成果很大，研究诗词，哲学成就很高。他在《人间词话》里曾引用了三句词，代表做学问的三个阶段、三种意境："昨夜西风凋碧树，独上高楼，望尽天涯路。""衣带渐宽终不悔，为伊消得人憔悴。""众里寻他千百度，蓦然回首，那人却在灯火阑珊处。"第一句比喻研究学问的初期，碰到问题、挫折，思考之后仍茫茫然不得要领，思考不能深入，很苦恼。第二句代表第二个阶段，比喻艰苦地努力读书，进行思考，人瘦了衣带也宽了，但仍孜孜不倦。第三句代表第三个阶段，比喻付出了长期艰苦的劳动，终于取得了收获。这是王维国所讲的做研究的三种境界。

所以，科研之初有苦恼，感到难以深入，是正常现象。只要持之以恒，不断地改进研究方法，就会有长进。做学问不可能一帆风顺。没有困难和问题，反而不正常。经过艰苦的钻研，然后取得研究成果，这是正常的过程。在研究过程中，如果难以深入，大致有以下几种情况：（1）材料不多，收集得不丰富，了解历史事实、过程不充分；（2）没有很好地开动脑筋，苦苦思索；（3）材料有了，也经过思考，但是限于理论和思想水平，无法提高。

三、怎样写文章

我们收集了材料，进行研究后，也形成了观点，还有一个表达的问题，或是写文章，或是口头表达、讲授课程。研究和表达不一样。研究要求深入，客观事物的联系是多方面的，要尽可能把这些联系都掌握住，以揭示事物的本质，这是研究。但是表达与之有所不同，它是用很明了的方式把很复杂的问题描述出来，使读者明白。一个很复杂的问题，表达时不能拖泥带水，也不能搞得深奥莫测。当然有很多科学问题，难以用简单的方式表达，但必须能让别人看懂，让人家了解、接受。有的同志可能很有学问，研究也很有成就，但文章未必写得很成功。

写文章必须有几个要求：（1）文字要通。基本的文法、词汇能够应用。（2）观点鲜明。主张什么，反对什么，不能含糊，文章的含糊实际上是思想上的含糊。（3）准确。用词、概念、判断要求恰如其分，不夸大也不缩小，概念上不能混乱或跳跃，不能是片面性的、表面性的，而要准确、科学地说明事物。（4）精练。要求用比较小的篇幅、较少的字数表达比较丰富的内容，而不是相反。文章写得尽可能短一些，字数尽可能少一些，不要说很多空话，也不要说些套话，与主题关系少的可有可无的话，最好都删掉，要舍得删改文章，要反复地读，反复地改，反复地删，否则文章容易变得很庞杂，枝蔓多。（5）生动。文章要生动，不要干瘪，历史上有许多人物，有许多具体的情节，可以写得很生动，在不损害科学性的前提下，力求写得很生动，但不是编故事。我觉得，写文章应该有以上五个要求。

写文章要用心，不能粗心大意、马马虎虎。一篇精彩、漂亮的文章，总是惨淡经营的结果。读者读起来非常舒服，如行云流水，但作者是非常艰苦的。曾经有种说法，叫作"文不加点，一挥而就"。才思敏捷的人是有的，但我想他们写文章写得快，可能是有腹稿，经过了思想的酝酿。我们一般人写文章，还是提倡字斟句酌、慢一点，要反复琢磨、反复推敲，一句话、一个字也不放过。特别是初学写文章的人，更要注意字斟句酌、反复推敲。有的文章，一眼就可以看出来，作者写完后可能连自己都没有好好看看，没有反复推敲，精打细磨。有人说写文章是呕心沥血，马马虎虎、粗心大意是写不出好文章的，的确如此。不仅写研究性文章是这样，写其他任何文章都要养成一种好的习惯、好的写作作风。写十篇粗糙的文章，不如写一篇好文章，要重质量，不要只重数量。只有养成推敲的习惯，才能写出有质量的文章。"宁肯少些，但要好些"，这是列宁的话，写文章便是这样。宁肯写得少一些，但要质量第一，这样写作，持之以恒，慢慢地写文章的速度就可以加快。

历史学要走出书斋

　　我津津有味地读完了两卷本的《历史的顿挫》，其中包含着一系列历史上相继发生但并非连接的故事，犹如观赏了一出又一出的独幕剧。五光十色的事件、曲折具体的细节、悲欢离合的感情、叱咤风云的人物，在历史舞台上表演得有声有色、淋漓尽致，使人愤悱感慨、徘徊叹息。两千多年的历史，从眼底匆匆而过，留下了悲剧性的韵味和哲理式的反思。虽然书中描写的事件和人物是熟知的，但作者努力以新的思路、新的视角、新的表现方式，形象而生动地再现一幕又一幕的历史，使用自己的语言，讲出自己的感受，熔历史、哲理、文学于一炉，给人以面貌一新之感。

　　中国自古以来，文、史、哲不分家。历史学家应该具备哲学家的头脑和文学家的气质。人们学习历史，最重要的是增进智慧，吸取历史的经验教训，这就需要有哲学家那样深邃、敏锐的思辨能力，才能从重重的迷雾中认清历史的真谛。而历史作品又应该生动丰富，引人入胜，使人百读不厌，如同优秀的文学作品一样。历史学家通过精心描述客观历史过程去启迪人们的思考、激发人们的热情，使人赏心悦目，给人以真、善、美的享受。历史的陈述既是真实的，即忠于客观事实；又是思辨的，即富于哲理性探讨；还应该是艺术的，即能给人以美的享受。

《历史的顿挫》是沿着这一方向所进行的成功的尝试。书中的每一个主题，前人都谈过了无数次，但读起来仍新鲜有趣而发人深思。因为作者对各个历史问题都有独立的见解，而并非因袭旧说，同时，在内容、体裁、结构、标题、行文等方面，力求推陈出新，注意了曲折过程的描绘、具体情节的摹写、人物心态的刻画，避免了史料堆砌和空洞说教。这本书初版时受到读者的热烈欢迎，并不是偶然的，而是编著者们艰苦钻研、刻意创新的结果。

目前书市上的历史著作艰涩枯燥者居多，一般读者望而生畏。当然，有些专业性强的历史作品，读者是不会很多的，我们仍然需要这类作品，因为这对学术的发展是必需的、不可缺少的。但历史书籍总不能变成只是专家之间交流、对话的工具。历史科学走出书斋、深入民间，成为普通老百姓的精神食粮，就需要有一大批观点正确、材料丰富、思想健康、形式生动、文字流畅的作品，就需要新一代的历史学家运用其智慧和才华，发挥创造力，把科学性和可读性紧密地结合起来。我预祝中国历史科学的盛大花圃中出现更多这类优秀之作，这是广大读者十分需要和十分欢迎的。

中国古代修史的传统
及其对国史研究的重要启示

编纂历史是一门大学问，古今中外许多历史学家都曾研究过。中国古代的著名历史学家刘知幾作《史通》、章学诚作《文史通义》，论述历史编纂的理论与方法。中国近代的梁启超专门作《历史研究法》，总结了中国以往的历史编纂学，并吸收了外国研究历史编纂的一些成果。外国也有许多这方面的探索，如德国的兰克学派、英国的著名历史学家汤因比、法国的年鉴学派、美国的边疆历史学派，等等。我不是专门研究历史编纂法的，所了解的只是一些皮毛的、粗浅的知识，大概地做一介绍，可能有不妥当的地方，希望大家批评、指正。

一、中国编写历史的传统

中国是世界上唯一有几千年不间断历史记录的国家，从甲骨文、金文、《尚书》，到《春秋左传》，到司马迁的《史记》。《史记》从《五帝本纪》黄帝记起，至汉武帝《今上本纪》，成为一部通史，略古详今，最详细的是秦汉时期。

如此连续未中断的历史记载，在全世界是独一无二的。埃及、巴比伦也是文明古国，但它们那里变化很大，今天埃及和两河流域的居民已经不是古代埃及与巴比伦的直接后裔，历史已然中断。文明古国印度也没有完整、系统的历史记录，关于中世纪的史书很少，有的需要依靠中国唐朝《大唐西域记》的相关记载。

中国的史书十分丰富，中国古代将知识分类为经、史、子、集：“经”即古代圣人传下的“十三经”；“史”即历史；“子”即各派学说——儒家、道家、墨家、法家、兵家、纵横家等；“集”即诗文集——主要是文学作品，史部列第二位，可见其重要性。

中国历史有连续未中断的记录，有两个原因。

一是因为中国人历史意识强烈，认识到历史学的重要性，将研究、编写历史作为自己的责任。

孔子作《春秋》，“其事则齐桓、晋文（霸王之间的斗争），其文则史（文字成为历史）”（《孟子·离娄下》），“其义则丘窃取之（包含的道理、观点，为孔丘得到了）”（同上），表明孔子十分重视历史。汉朝的太史令司马谈曾言：“废天下之史文，余甚惧焉”（《史记·太史公自序》），其子司马迁继承父亲志愿，作《史记》，流传后世。不仅中国古代知识分子重视历史，而且中国古代统治者也十分重视历史。唐太宗就是一位非常重视历史记载的皇帝，“二十四史”中有八部是于他与其子在位时完成的，占三分之一。唐太宗强调修史可以“览前王之得失，为在身之龟鉴”（《册府元龟》卷五百五十四），也就是说要以史为鉴。元世祖忽必烈，虽是蒙古游牧民族，但入主中原后同样重视历史，言不"可亡前人之史，若不立史馆，后世亦不知有今日"（《元史·董文炳传》），命令建立史馆，编纂历史。清朝龚自珍说，"灭人之国，必先去其史"（龚自珍：《古史钩沉论》），把历史提到了国家存亡的高度。日本侵占我国东北和台湾，就禁止讲习中国史。人类社会有昨天、有今天、有明天，现在的社会是过去的发展，它不是无源之水、无本之木。现在治理国家的理念、方法、政策，都是过去经验的总结。所以，人类要开辟未来美好社会，就离不开学习历史，总结历史，从历史中吸取经验教训，吸取智慧。只有借鉴历史，才能够胜利地走向未来。中国人的历史意识非常强，这是一个优秀传统，也是中国有凝聚力的表现，是保证中国悠久文明传承不绝的一个重要原因。

二是因为有制度上的保障，即开馆修史，专门设立国史馆，专门设立历史研究、历史编纂的政府机构，这也是我们的一个优秀传统。

关于中国远古之史学机构的记载较少，但《汉书·艺文志》上说"左史记言，右史记事"。古代还有很多类似与史有关的官职设置，如内史、外史、太史，等等。春秋战国普遍设有史官，所谓孔子作《春秋》，观"百二十国宝书"，"宝书"即指各国的史书。西汉设太史令，而且是世袭官职，如司马谈、司马迁父子。东汉设兰台，它不仅是藏书机构，而且是史学机构，其官称兰台令，如班固，也是世袭的，其父班彪、其妹班昭都供职兰台令。魏晋设有著作郎修史。魏晋后，分裂割据，出现了许多国家、许多朝代，虽然政权不稳，经常改朝换代，但各朝各代都修纂自己的历史，非常盛行，出现了修国史的高潮。三国都有自己的国史，但多已失传，只有陈寿的《三国志》流传，连同裴松之的注本都保存下来了。因为《三国志》不完整，只有本纪、传，没有志、表，裴松之的注释将其时的三国史料记载下来，保存了三国历史的丰富记录。晋人修晋史达十三种，可惜未能流传。十六国修史书二十九种，其中十六种是写国史，即本朝人修本朝史。南朝有很多史书，尤其是宋时，开设儒学、玄学、文学、史学四个馆，史馆之名可能始于此。除记述当代史外，还有"起居注"，记录君王的言论行事。《魏书·经籍志》记载有四十一部两晋南北朝的起居注，这些著作只有沈约的《宋书》、萧子显的《南齐书》、魏收的《魏书》等少数史书流传下来，这三书后来被列入"二十四史"。其他史书的失传既有社会原因，如战争多、印刷术不发达；也有其自身的原因，其多数为私人修史，所见不广，资料的搜集不完备，仓促成书，有局限性，水平不高，当更好的史书出现时，就在历史的长河中被淘汰了。唐代是一个重要的转折点，从私人修史转向政府修史，史馆设置正规化、规范化。唐太宗非常重视修史，从唐太宗到唐高宗，通过设立史馆修成八部纪传体史书，由宰相监修，如房玄龄、长孙无忌、魏徵等；还有所谓御修史书，如《晋书》中的《王羲之传》等是由唐太宗撰写的。故《晋书》冠以御纂之名。这时，政府开始参与修史，正史的编写逐步制度化，成为政府行为。

政府修史是必要的，因为历史所跨年度很长，数十年乃至数百年，资料很多，涉及人物、事件复杂，史学家个人的精力难以顾及，个人修史很难，并且越到后世，越不可能。唐初由史馆修"八史"，集体创作，国家领导支持，宰相监修，既有政治上的权威，也有学术上的权威。从此史馆修史成为中国的历史传统，史馆在修史中的地位、作用得到确立。唐朝国史馆除修国史外，还修"起居注"，记载君主言行；修"实录"，用编年体记国家大事，但流传至今的只有温大雅的《大唐创业起居注》和韩愈的《顺宗实录》，这是我国保存下来最早的起居注和实录。为了使国史馆了解当代的事情，积累文献史料，朝廷颁布《诸司应送史馆事例》，规定各衙门将档案移交史馆。设立史馆成为固定的制度，修史也就成为国家的重要政务，史馆修史保证了有连续不断的历史记录。为前代修史的传统也沿袭下来，唐朝为前朝修了八部史书，宋朝为唐朝修史，元朝为宋、辽、金修史，明朝为元朝修史，清朝为明朝修史，直至民国为清朝修史，但民国所修的清史不太理想。

新中国成立初期，董必武建议修两部史书，一是重修清史，一是修中国共产党史，受到了中央的高度重视。20世纪50年代，吴晗与我谈及此事，当时周恩来总理委托吴晗搞一个修清史的规划。吴晗想建立清史馆，但当时缺乏研究清史的学者，所以考虑先从招收学生进行培养开始，但"大跃进"时被搁置下来。20世纪60年代批《海瑞罢官》前夕，中央宣传部召开会议，决定成立清史编纂委员会，在中国人民大学设立了清史研究所。20世纪80年代初，邓小平将建议重修清史的一封人民来信转到中国社会科学院办理。当时改革开放刚刚开始，百废待举，未能进行。2001年中央再次关注修清史的问题，目前正在酝酿清史编纂问题，可见修清史的问题得到了党的几代领导人的关心。

二、对史学家的素质要求

中国史学著作很多，主要的体裁有纪传体、编年体和纪事本末体。《四库全书总目提要》将史书分成十五类，还有三通——通典、通志、通考，地方志，等等。中国史学评论也很多，并且明确提出了对史学家的要求。

史学家应该具备什么样的素质？唐朝历史学家刘知幾当被问及为什么文学家多而史学家少时，他解释道："史家须有三长，世无其人，故史才少也"（《旧唐书·刘知幾传》），提出了对史学家的三个方面的要求——才、学、识。

所谓史才，就是要做到对历史事件的叙述和对史料的组织有条理性、逻辑性、生动性，文字简洁，条理清楚，叙人、叙事生动，文笔简练而又能抓住要害。典型的例子是新旧《唐书》和新旧《五代史》。宋朝大文豪欧阳修认为《旧唐书》《旧五代史》修得不好，太啰唆，叙述冗杂，于是重修《新唐书》《新五代史》，新史修好后，旧史无人使用，以至失传了。直至清朝修《四库全书》时，从《永乐大典》中辑出了《旧唐书》《旧五代史》的大部分内容，拼凑还原，与《新唐书》《新五代史》一并列入"二十四史"。欧阳修自称其书"事增于前，而文省于旧"。但后人也批评欧阳修"事增于前"，网罗野史、笔记中的记述，不足为信，"文省于旧"，但唐朝文章用骈体文，新书将旧书压缩节略反而晦涩难懂。新旧《唐书》和新旧《五代史》，从其简要、文章有条理而言，新胜于旧，但从记事详细、保存史料多且完整而言，旧胜于新，所以各有千秋。

所谓史学，是指史学家历史知识的广博、掌握资料的丰富、考证史料的严谨。既要求史学家掌握各个领域的知识，又要求史学家能鉴别史料的真伪。这一点，越到后代越难，因为现代知识领域更宽、更广，而且史料积存越来越多。就拿清史来说，《清史稿》有五百三十六卷，《清实录》达四千多卷，这些还都是第二手资料，第一手资料如中央档案基本上被完整地保存下来，达一千多万件，而这一件并不是一片纸，而是一个卷宗，大的一件可以装一汽车，有二百多人在管理这些档案资料。切实地掌握浩瀚的历史资料，很不容易。作为史学家就是要坐冷板凳，钻进去，下苦功夫。资料的海洋无边无际，一个人穷毕生之力也只能探索这片海洋的一个角落。只有掌握更多的知识、更丰富的史料，才能获得更大的发言权。我记得《第三帝国兴亡》一书的作者利用的纳粹档案，数量之多要以吨计。现在各国政府档案多得不可胜计，我们中华人民共和国五十余年的历史档案，用浩如烟海、汗牛充栋来形容，不为过分。

所谓史识，是指立场、观点、方法，也就是说如何认识历史，如何认识历史规律，如何判断历史。尽管叙述很有条理，文章很有文采，知识也很丰富，考证也很精细，但只要认识错了，观点不正确，其著作就会丧失价值。

刘知几提出"才、学、识"，清朝的历史学家章学诚提出"史德"。"史德者何？著书者之心术也"（章学诚：《文史通义·史德》），是对史学家人品、道德、修养的要求。历史学最重要的特点就是实事求是，要求客观、公正地记录历史，秉笔直书，不溢美，不隐恶。中国古代史学家非常重视史德。所谓"在齐太史简，在晋董狐笔"（文天祥：《正气歌》），是两个典故。春秋时齐国崔杼权力很大，杀了齐庄公，齐太史记"崔杼弑其君"，崔杼大发雷霆，下令把齐太史抓来杀了。齐太史的大弟仍然写"崔杼弑其君"，又被杀害。其二弟继续秉笔直书，亦被杀害。其三弟也视死如归，崔杼见状，只得将其三弟流放了。齐太史的三弟走出门时，看到南史氏拿着竹简在门口等候，就问他干什么，南史氏回答道：听说齐太史一门都被杀了，我怕这段历史无人记载，就想由我记下来，现在既已写上，没有我的事了，可以回家了。这些古代史官不畏强暴，为维护历史真实甚至不惜牺牲生命，难能可贵。还有晋国晋灵公时，赵盾是一个有权势的大夫，也是一位贤人，但和晋灵公产生矛盾，于是离开了晋国国都，其弟赵穿起兵政变，杀了晋灵公，把赵盾迎接回来，赵盾于是恢复了权势。晋国的史官董狐记道，"赵盾弑其君"。赵盾辩解说，晋灵公乃赵穿所杀，当时他已经离开国都，与他无关。董狐答道："子为正卿，而亡不出境，反不诛国乱，非子而谁"，实际上你就是赵穿的后台，责任在你，你是想要避开弑君的恶名，但历史要写真相，不能被假象所隐蔽。孔子称赞"董狐，古之良史也，书法不隐"（《左传·宣公二年》）。秉笔直书，才能成为信史，这是中国历史学的优良传统，历史学家要有大无畏的精神，要有很高的道德修养。

三、编写当代史的特点与难点

中国古代修史，多写通史，常常包括国史、当代史在内。孔子作《春秋》，其实就是鲁国的国史，上起鲁隐公元年，下至鲁哀公十四年，而孔子死于鲁哀公十六年，所以写《春秋》对孔子而言是从古代写到当代。司马迁作《史记》也是如此。直至魏晋南北朝时期，编写当代史、国史的还很多。但唐朝以后，修当代史由国史馆承担，私人编修的少了，写的也主要是局部的历史而不是全国的历史。为什么？我估计编写当代史有一些特点与难点。

第一，当代史与现实密切相关，具有强烈的政治性，修史者必须有正确的立场、观点、方法，同样一件史事，从不同的政治立场出发，会有截然不同的看法和评价。例如，辛亥革命推翻了清政府，结束了两千多年的封建帝制，是一件令人民拍手称快的好事；但是，如果站在清朝遗老遗少的立场上，就会得出完全不同的评价。《清史稿》就是这样，其作者都是清朝的遗老遗少，他们对清朝忠心耿耿，对辛亥革命很仇恨，因此歪曲历史，颠倒黑白。例如：写武昌起义，"宣统三年八月，革命党谋乱于武昌"；写中华民国成立，孙中山当选临时大总统，"举临时大总统，立政府于南京，定号曰中华民国"①，至于谁是大总统，不写，不愿写出孙中山的名字。《清史稿》中根本不谈孙中山的活动，关于兴中会、同盟会也一句没有，无从知道清朝是怎样被推翻的，其中有一处提到孙中山的地方，其言为"懿旨特赦戊戌党籍，除康有为、梁启超、孙文外"②。提到革命烈士秋瑾、徐锡麟等时，用"伏诛"一词。相反，提到辛亥革命中被革命党打死的清朝官员如端方、恩铭、陆钟琦等，却大加歌颂，赞曰："或慷慨捐躯，或从容就义，示天下以大节，垂绝纲常，庶几恃以复振焉。"③这部书是民国政府出资，袁世凯下令编修的，竟大肆辱骂中华民国的烈士，而大加歌颂反革命敌人，所以北伐胜利后，国民党人评论道"诽谤民国，乖谬百出，开千百年未有之奇"④，禁止它的出版。

第二，历史发展，其后果、影响要经过一个长时间才能判断。历史上的新生事物刚刚出现，历史矛盾刚刚发生还没有充分展开的时候，不容易看清楚，很难预见它将如何发展，很难判定其结果和影响。"不识庐山真面目，只缘身在此山

---

① 《清史稿》卷二十五《宣统皇帝本纪》，见赵尔巽等：《清史稿》，第4册，第1003页，北京，中华书局，1976。

② 《清史稿》卷二十四《德宗本纪二》，见赵尔巽等：《清史稿》，第4册，第948页。

③ 《清史稿》卷四百六十九《赵尔丰冯汝騤陆钟琦》，见赵尔巽等：《清史稿》，第42册，第12790页，北京，中华书局，1977。

④ 易培基：《呈行政院文》，1929年12月16日。

中"，身处在历史事件中间，就看不清这段历史的全部情况，不容易把握其历史本质和发展趋向。所以，研究当代史最需要有慧眼，需要有深刻的洞察力。例如，法国拿破仑第三政变，在政变当时有三个人写了这段历史，一个是雨果，一个是蒲鲁东，一个是马克思，其中马克思写得最好、最正确、最深刻。马克思说："本书是根据对于事变的直接观感写成的。"[①] 恩格斯在马克思《路易·波拿巴的雾月十八日》一书序言中说："紧接着这样一个事变之后，马克思发表一篇简练的讽刺作品，叙述了二月事变以来法国历史的全部进程的内在联系……他对当前的活的历史的这种卓越的理解，他在事变刚刚发生时就对事变有这种透彻的洞察，的确是无与伦比。"[②] 因此，我们研究当代史，必须要学习马克思的经典著作，学习马克思观察当代史的立场、观点、方法。

第三，资料方面的困难。研究当代史，在资料方面有两个特点：一是数量多，二是不容易看到。当代史由于时间距离近，资料被完整地保存，散失少，所以有大量的资料。搞一个专题，资料就浩如烟海。例如研究抗美援朝，既要涉及军事的、政治的、经济的、外交的方方面面，又须掌握中国、美国、朝鲜、韩国等其他国家不同文字的资料，仅此一个专题，个人的力量就难以穷尽。古代由于文化不发达，资料较少，加上战乱等破坏，损失比较多。我国唐朝以前历史资料很少，

----

① 《马克思恩格斯选集》，第 1 版，第 1 卷，第 598 页。
② 同上书，第 601 页。

一个人穷毕生精力可以读完。宋朝以后，由于印刷术的发展，资料大大增加，读完就困难了。例如《全唐诗》，有唐一代三百年诗作共四万多首，宋朝陆游一人《剑南诗稿》就有近一万首，到清朝乾隆皇帝一人《御制诗文集》就有四万首，相当于一部《全唐诗》。史料积累越到当代越多、越庞杂。另外，史料虽然很多，但却不易看到。因为许多重要的史料没有公开，造成研究上的困难。国家档案一般规定有解密期限，常常是三十年、五十年，甚至更长的时间。看不到原始档案，很难知道历史事件的底细和真相。不仅档案，即使是其他史料，其搜集、整理、发表也有一个等待时间。例如张学良的档案至今没有发表；又如李鸿章，中国清朝末年最重要的政治家之一，关于他的资料已经发表的有三百多卷、一千多万字，其家中还有两千多万字。上海图书馆馆长顾廷龙先生购买了这些资料，它们保存在上海图书馆。1993年，顾先生邀请我与他合作整理，又集中了七八个人编辑，至今尚未完成。这些是资料方面的困难。

第四，由于当代史距离时间很近，历史人物很多还活着，或者他们的后代还活着，牵扯到利害关系、感情因素，写当代史要秉笔直书就更困难，会碰到很多干扰。古代司马迁作《史记》，因为在《今上本纪》中批评汉武帝，该书被称为"谤书"。北魏崔浩写国史，其中讲到北魏的祖先鲜卑族是落后民族，有许多野蛮习惯，崔浩因此被杀，并被满门抄斩；不仅如此，还牵涉到其他许多人。写当代史，容易得罪一些人，会遭到反对、打击、迫害。

谈清史研究

近几年来，清史的研究发展很快。发表了许多论文，出版了许多著作，编辑了许多资料，召开了各种类型的学术讨论会，研究队伍也在逐步扩大。这是十分可喜的现象，是十一届三中全会以来，经过拨乱反正，历史学界欣欣向荣的表现。

清史研究，顾名思义，就是研究有清一代的历史。它的范围应从 1644 年（清顺治元年）清朝入关至 1911 年清朝覆亡为止，共二百六十八年。不过，清史的上限，不能仅起于 1644 年。这一年，清兵入关，开始建立全国性的统治。在这以前，还有一段满族兴起、奋斗、创业的历史，也属于清史的范围。早在 1616 年（明万历四十四年），努尔哈赤就建立了后金政权，至 1636 年（明崇祯九年）皇太极改国号为"清"。清朝，作为我国少数民族建立的地方政权，早在它入关以前就存在了。

习惯上，中国古代史截止于 1840 年（清道光二十年）鸦片战争。因为这一年外国资本主义武装入侵中国，使封建的中国逐步变成了半殖民地半封建的中国。从社会性质讲，鸦片战争前后是根本不同的。可是，清朝的统治到 1840 年还没有结束，因此，清史的下限也不能到此为止，应该延续到清帝退位。所以，清史实际上包括两种社会形态，既包括中国封建社会的末期，又包括半殖民地半封建社会的前期。

中国历史十分悠久，每个朝代都有生动、丰富的内容，都值得很好地学习、研究。但是，清朝的历史，时间很长，将近三百年之久，又离我们今天很近，和现实息息相关，对我们特别重要。在清代历史上，有许多为救国救民而流血牺牲的英雄志士，他们坚持反对外国侵略、争取民族解放的光辉业绩，是我们进行爱国主义教育的好教材。今天，我们社会生活中的许多问题，都有它们的来龙去脉，如果要做详细的了解，都要追溯到清代。譬如，今天我国人民正在开创社会主义现代化建设的新局面，以彻底改变我国贫穷落后的面貌；但是，中国的贫穷落后是怎样造成的？这就不能不追溯到清代历史，追溯到帝国主义和封建主义的侵略与压迫。如果不了解这段历史，就难以懂得为什么曾经处在古代文明国家前列的中国后来却落在世界其他国家的后面。又譬如，要建设高度的社会主义精神文明，必须批判地继承我国的历史文化遗产，清代近三百年间涌现了大批政治家、军事家、思想家、文学家、科学家，有丰富的斗争经验和灿烂的文化成果，必须细致地进行分析、研究，才能取其精华、弃其糟粕，推陈出新，古为今用。

总之，清史研究是非常有意义的。一个国家、一个民族如果忘掉了自己的历史，就不能存在和前进。我们研究昨天，正是为了今天和明天。毛泽东说过："指导一个伟大的革命运动的政党，如果没有革命理论，没有历史知识，没有对于实际运动的深刻的了解，要取得胜利是不可能的。"①

那么，应该怎样学习和研究清史？

首先，应对近三百年的清代历史有一个总的认识、概括的了解，可以把清代历史分成五个段落，每个段落都有特定的内容。

第一个段落，从1583年（明万历十一年）努尔哈赤起兵到1644年清朝入关，共六十年。居住在我国东北地区的满族开始形成并逐渐发展，从奴隶社会进入封建社会。在努尔哈赤、皇太极两代人的努力下，分散的、落后的女真各部逐步统一并强大起来，打败了明朝军队，进入了辽沈地区，建立了后金政权，统一了东北地区。这是满族创业和清朝建立时期。这时满族虽然建立了地方政权，与明朝中央王朝对抗，但它仍然是我国多民族大家庭中的一个成员，它的历史活动是在中国的疆域内进行的。任何分割中华民族，把满族说成不是中国人的谬论，都应当驳斥。

第二个段落，从1644年清朝入关到1683年（康熙二十二年）收复台湾，共四十年，这是清朝频年征战，建立和巩固全国统治的时期。先是和李自成、张献忠的农民军作战，接着对付南明势力，击破福王、鲁王、唐王、桂王的政权，镇

---

① 《毛泽东选集》，第1版，第2卷，第498页。

压各地人民的抗清斗争，以后又征讨吴三桂、耿精忠、尚之信的三藩叛乱，最后是收复台湾，郑克塽降清。四十年干戈扰攘，清朝打败了所有的对手，建立和巩固了对全国的统治。在这个时期，活动在历史舞台上的各种势力错综复杂，除了正在兴起、生气蓬勃的清朝以外，还有人数众多、遍布各地的农民起义军的余部，内部矛盾重重、互相倾轧的南明小朝廷以及拥有强大军事实力的吴三桂等。这几种势力之间的相互关系不断变化，斗争十分激烈。中原逐鹿，清朝成了优胜者。这并不是偶然的，应该从分析各种力量本身的强弱变化以及它们采取的战略、政略的是非得失中求得理解。

第三个段落，从 1683 年到 1774 年（乾隆三十九年），共九十多年，这是所谓的"康雍乾盛世"，是清朝统治稳定、经济繁荣、文化鼎盛时期。这时，农业和手工业得到恢复与发展，资本主义萌芽比前代有所增长，社会殷富，人口增加，封建经济发展到了高峰。清朝为促进生产做了一些工作，如奖励垦荒、兴修水利、蠲免赋税、赈济灾荒、解放奴婢、革除匠籍以及改革赋役制度、实行地丁合一，等等。当然，它的封建专制制度及其根本的政策只允许生产力在一定范围内发展，超过了这个范围，专制政权便变成了生产力发展的桎梏。在政治上，人民的反抗活动趋于沉寂。清朝国力强盛，康、雍、乾三朝大力经营边疆地区，对少数民族既有团结笼络，又有征伐斗争，特别是长期对准噶尔、蒙古作战，终于在 1757 年（乾隆二十二年）攻灭准噶尔，剪除边疆的割据势力，并进一步对天山南北、蒙古、西藏以及西南地区实行了有效的行政管理，巩固和增强了国家的统一。在文化方面，清朝提倡儒学，大规模编纂封建典籍，汉学兴起并得到发展。小说、戏曲、诗歌、绘画等各方面也很兴盛，出现了像《红楼梦》这样伟大的文学作品。

第四个段落，从1774年到1840年（道光二十年），共六十多年，这是清朝由盛转衰的时期。1774年有山东临清的王伦起义。这是发生在运河沿岸、接近清朝心脏地区的一次大规模斗争；以此为契机，打破了将近一个世纪中原地区的太平局面。北方的白莲教、南方的天地会等民间组织秘密结社，以及边疆和边远地区少数民族的抗清斗争，从此风起云涌，勃然兴起，不可阻遏。特别是1796年（嘉庆元年）爆发了白莲教大起义，延及鄂、川、陕、甘、豫五省，严重地打击了清朝的统治，清朝全盛时期的声威一去不复返了。同时，世界形势在发生急剧的变化，继英国资产阶级革命之后，又发生了法国大革命，资本主义一日千里地迅速发展，并向海外实行殖民扩张。中国和外国侵略势力的矛盾日益尖锐，于1840年发生了鸦片战争。

第五个段落，从1840年到1911年清朝灭亡为止，共七十多年。这段历史内容非常丰富，几乎包括了整个旧民主主义革命史，处在承前启后的关键时刻，意义十分重要。由于外国的侵略，中国历史改变了前进的方向，沿着半殖民地半封建的轨道沉沦下去。中国人民一方面仍然反对统治中国已有两千多年的封建主义，另一方面又要反对刚刚入侵的外国资本主义。反帝反封建斗争连续不断并且逐渐高涨，七十多年间经历了鸦片战争、太平天国、中法战争、中日战争、戊戌维新、义和团以及辛亥革命等伟大的斗争。这时，中国的封建自然经济被破坏，资本主义近代工业开始产生并发展，随之而诞生了资产阶级和无产阶级。农民依然是革命的主力军，发动了像太平天国和义和团那样规模巨大的革命运动，而资产阶级也登上政治舞台，领导了戊戌维新和辛亥革命。清朝政府一步一步地走完了历史路程，随着侵略者的需要而改变自己的机构、政策和职能，最后完全成了帝国主义的附庸。在人民革命浪潮的冲击下，清朝统治土崩瓦解。1911 年，以孙中山为代表的革命派发动了武昌起义，清帝逊位，从此结束了两千多年的封建君主专制制度，建立了民主共和国。

以上，把清代近三百年的史事纳入五个段落，是为了考察清史总的演变过程，简要地理解与掌握各个段落的内容和特点。至于清代历史应如何分期，那是需要另做讨论的。

历史科学包罗很广。社会生活的各个方面，政治的、经济的、军事的、文化的、民族的、外交的全都包括在历史学的范围之内。除了纵的方面可以分成若干段落之外，横的方面也可以分成若干专史和专题。我们固然应该了解清代近三百年的整个历史过程，全面掌握清史知识，打好研究工作的基础，但也要有所分工，各有侧重，或研究某个时期，或研究某门专史，或研究某些专题。在具体研究的基础上通力合作，搞好综合的研究。毛泽东在谈到中国近百年史的研究时指出："应先作经济史、政治史、军事史、文化史几个部门的分析的研究，然后才有可能作综合的研究"①。这一指示同样适用于清史的研究。

　　研究清史，占有史料当然是非常重要的。我们是唯物主义者，要从历史的实际出发，而不是从任何概念、体系、模式出发。恩格斯说："不论在自然科学或历史科学的领域中，都必须从既有的事实出发。"②因此，我们必须掌握丰富的史料，从第一手资料入手，进行考订辨析，弄清基本事实。科学的大厦是依靠事实材料建造起来的，离开了事实材料，就谈不上学术研究。清史跨越三个世纪，头绪纷杂，史事繁多，人物众多，记载歧异。人们关于清史的知识很多来自稗官野史、道听途说，不能成为信史。研究工作应注意真实性、科学性，不能浮光掠影，以讹传讹，而要认真搞清事件的真相及源流本末。因此，必须深入大量的第一手材料中，以极大的力量和坚毅的精神进行探索，去粗取精，去伪存真。即令在一个具体问题上要取得坚实可靠的知识，也需要花费大量的劳动。在这里，贪图省力，寻求捷径，只说空话，浅尝辄止，都是不允许的。

　　清史资料有三个特点：一是"多"。各种史籍、档案、碑版、实物，数量庞大，浩如烟海。一个人无论怎样勤奋，穷毕生之力，也只能在清史资料这一浩瀚无际的海洋中勘探其一个角落。二是"乱"。许多原始资料未经整理，杂乱无章，

①《毛泽东选集》，第1版，第3卷，第760页。
②《马克思恩格斯选集》，第1版，第3卷，第469页。

缺少目录、索引和工具书，无现代化的检索工具和检索方法，使用不便。三是"散"。许多资料分散庋藏在全国各地的图书馆、档案馆、博物馆、高等学校和科学研究机构中。有的保管不善，有的灰积尘封，借阅较困难。由于客观上的种种困难，研究者就更应发奋努力，不辞辛劳，大力搜集和掌握资料，才能取得显著的成绩。

清史资料的类别甚多。一是档案，数量很大。中国第一历史档案馆所藏档案很集中，达一千多万件，还有其他地方所藏档案，这些是研究清史最重要的宝库。清史领域中的大多数问题都可在档案中找到原始的记录。一般说来，如果不利用档案，清史研究成果便会减逊科学的价值。二是地方志，估计现存清代所修地方志大约有六千多种。内容多为各地区政治、经济、军事、文化以及山川地理、民情风俗、物产灾异等，包罗宏富，具有地方百科全书的性质。三是文集，清代文集甚多，不下数千种，还有很多稿本、抄本。文集内有的收录奏议，这是大官僚向朝廷的报告；有的收录各种文章，或发表议论，或记叙事件，或抒发感情；有的收录信件、日记以及诗词歌赋，内容丰富，体裁多样，其中常有许多珍贵的资料。四是笔记，记载许多史料掌故、琐闻逸事，广采博收，可补正史之缺。此外，还有很多官书、谱牒、碑版、文物以至报纸、刊物，门类很多，都是进行研究的有用资料。

以下列举几种清史的基本书籍。

《清实录》：清代每一个皇帝死后，后继者都要派人根据档案，编纂前朝实录，共四千多卷。实际上是一部编年体的档案汇编，篇幅很大，包罗宏富，虽有删节篡改，但在清宫档案还没有大量刊布之前，这部书还是极有价值的资料书。

《东华录》：也是根据档案编成的编年体资料书，较《清实录》简要。编者蒋良骐，自努尔哈赤编至雍正朝。以后王先谦、朱寿朋等续编至光绪朝。

"清三通"：乾隆年间编成的三部大书，汇集了清代前期典章制度的大量资料。包括《皇朝文献通考》三百卷、《皇朝通典》一百卷、《皇朝通志》一百二十六卷。以后又有刘锦藻续修《清朝续文献通考》四百卷。

《清经世文编》：魏源代贺长龄编纂，收集清代前期经世致用的文章，分列八类：学、治、吏、户、礼、兵、刑、工，共一百二十卷。清末经世之学大盛，又有人继承此书的体例，编成经世文续编、三编、四编、统编、新编等。

《中国近代史资料丛刊》：这是新中国成立以后编纂的一部大型资料书，由中国史学会主编。收集了 1840 年以后晚清的历史资料，以历史事件分类，已出十一种六十九册（鸦片战争六册、太平天国八册、第二次鸦片战争七册、回民起义四册、捻军六册、洋务运动八册、中法战争七册、中日战争七册、戊戌变法四册、义和团四册、辛亥革命八册）。内容完整，包罗丰富，纲目明晰，有不少重要的少见史料，后附书目解题，可以按图索骥，进一步查找其他资料。这部资料丛刊的出版，为研究者提供了较充足的史料，对中国近代史的研究起了良好的推动作用。目前正准备继续编纂此丛刊的续编。

新中国成立以后整理出版的大部头清代史籍很多，有《清代档案史料选编》《清代笔记史料丛刊》《中国近代经济史资料丛刊》《帝国主义与中国海关》《太平天国资料汇编》，以及重要人物的文集、奏稿、日记，碑刻资料，文学作品汇编，报刊文章选编，各个厂矿企业的史料，以及译自各种文字的史料，特别是中外关系史的资料，等等。

至于清代通史性的作品，新中国成立前有孟森的《清史讲义》、肖一山的《清代通史》；新中国成立后有郑天挺的《清史简述》、李洵的《明清史》、辽宁各单位的《清史简编》、戴逸主编的《简明清史》两册。近代史方面的通史性著作，数量甚多，不胜枚举。目前正在连续出版的清史专集、刊物有《清史论丛》《清史研究集》《清史资料》《清代档案史料丛编》《清史研究通讯》等，《近代史研究》和《近代史资料》也刊登了很多研究清史的文章和清史史料。总之，清代的史籍和史料很多，这里只是简略开列，挂一漏万，不及备举。

详细地占有材料是历史研究的基础，但还不是研究的最终目的。历史研究应该揭示社会发展的规律，通过偶然的、表面的现象去认识历史的主流和本质。应该对搜集的丰富材料进行深入的分析和理论的总结，为此，就必须以马克思列宁主义、毛泽东思想为指导，站在无产阶级的立场上，掌握科学的观点和方法，锻炼理论思维的能力。理论水平的高下对历史研究起着决定性的作用，忽视史料，空谈理论，"以论代史"，当然是不正确的；但只搞史料，轻视理论，也必定会大大限制学术成就，甚至会在杂乱的材料和各派学说的汪洋大海中迷失方向，误入歧途。科学成就的大小不在于史料的堆砌和现象的罗列，而主要在于能否运用马列主义去解释历史上的问题，解释得是否正确，是否深刻，是否揭示了历史的规律。清史研究工作者应坚持不懈地学习马列主义，提高理论水平，永远保持理论探讨的兴趣和热情，这样才能使研究工作有正确的方向和锐利的武器。

历史的内容非常宽广，涉及社会生活的许多领域，故研究清史要求有广泛多样的知识，如目录学、版本学、方志学、历史地理学、文书档案学等。在清代，中国日益被卷进世界资本主义发展的旋涡，中外关系十分密切，研究清代的中外关系，就需要有世界史知识；如果研究清代的生产力状况或历法、治河、科技、医学，就需要数学和自然科学知识；如果研究军事，就需要兵制、武器、战略战术知识；如果研究清代的经济财政，就需要赋役、货币方面的知识；如果研究清代学术，就需要音韵、训诂、校勘、辨伪以及经学史知识；如果研究清代艺术，就需要绘画、书法、戏曲、金石方面的知识。还有，清代历史是我国许多兄弟民族共同缔造的历史，各民族都留下了大量史料，有《满文老档》以及蒙文、藏文、维文史籍，又从清初至清末，外国的传教士、商人、外交官纷纷来到中国，记录了许多史事，外文资料也十分丰富。这要求研究者能够分别运用各种民族的以及各个国家的语言文字。总之，研究清史要有广泛的知识基础，能够掌握多种语言文字工具。

清史的时间漫长、领域广阔、资料丰富，有许多空白薄弱环节，待研究的问题很多，犹如一片待开垦的处女地。只要埋头苦干，勤奋钻研，方向对头，方法适当，就一定能获得有价值的研究成果，一定能为促进祖国的历史科学、建设社会主义精神文明做出贡献。

明清历史档案的价值和特点

第一历史档案馆所藏明清档案是国家的珍贵财富，反映了几百年来中国历史的发展进程，是进行历史研究不可替代的原始资料。它记录了明清社会方方面面的情况，对于了解国情，追溯今天现实社会问题的来龙去脉，以制定国家政策，都是十分重要的依据，所以具有不可估量的学术价值和现实价值。它还有许多珍贵记录，包括气象、水灾、地震、医学等许多方面。

大家知道，19世纪末20世纪初，也就是一百年前，中国有三项重大发现轰动了全世界。一是河南安阳殷墟发现甲骨文，当地农民把甲骨当作药材叫作龙骨。19世纪末被学者发现，骨头上刻有三四千年前的文字。二是1900年甘肃敦煌发现了藏经洞，当时这里的道士不认识它的价值，把珍贵的经卷当作废纸点火，后来被认定是北朝、唐、宋、西夏的文化宝库。三是故宫所藏明清档案，清朝灭亡以前是大内秘藏，没有皇帝谕旨任何人不能去看，清朝灭亡后才能公之于世。这三项重大发现，大大丰富和拓宽了历史科学的研究。

甲骨文关于殷商上古史研究，敦煌学有关北朝、唐、宋中古史研究，明清档案关乎近三四百年的近代史研究，这三项发现分别产生了甲骨学、敦煌学、档案学三门新学科，出现了像王国维、郭沫若、沈兼士、陈垣、陈寅恪、常书鸿、徐中舒、唐长孺这样的大师和杰出学者，在世界学术领域大放光彩。

明清档案以前深藏大内，自民国初年以来流散到社会上，它的命运和中国的命运一样，经历了坎坷的历程。清末内阁大库年久失修，部分档案被放到文华殿和国子监。1921年北洋军阀政府竟因经费短缺，将一部分档案分装八千麻袋共十五万斤，以四千元价格卖给造纸厂作为造纸原料，后来虽抢救下来，但八千麻袋事件充分表明了旧中国政府的无知、贪婪和愚蠢，对国家历史文物的破坏。到1925年建立故宫博物院，成立文献部，才有机构负责处理、保管明清档案。

新中国成立后，1951年在故宫文献部基础上建立专门性的档案馆，就是现在的第一历史档案馆，以后又脱离故宫单独建制。一史馆做了大量工作，把分散、流失在各地的档案集中收集，并进行妥善保管，建造了库房，使用现代化恒温、通风、防虫、防火设备，使档案脱离了尘封土积、不断霉烂损坏的状况，又进行分类编目、整理出版，特别是近年来，一史馆工作有重大飞跃，在管理体制和方法上进行重大改革，更有利于档案的保管和利用，还积极采用现代技术，制作缩微胶片，运用计算机建立档案内容信息的目录数据库，为档案信息的自动检索创造条件，在资料出版方面成绩尤其突出。十年来一史馆出版档案史料三十六种，一亿六千万字，超过了建馆以来前六十年出版字数总和的三倍，的确是攀登上一个很高很高的台阶。我想历史学家和全社会都应感谢档案工作者的辛勤劳动，感谢他们对国家文化资源的保存、开发和利用，为历史研究和其他应用做了重要的基础工作。

明清档案价值如此之高，我想它有以下三个特点：

第一，丰富性。它的数量很大，共一千多万件，七十多个全宗，涵盖五百多年的历史，的确是汗牛充栋、浩如烟海，蕴藏着巨大的信息量，而且是最重要的信息。因为清朝中央机构包括军机处、内阁的档案基本上都被保存了下来，因此五百多年来的历史大事都被包含其中，政治、经济、军事、外交、民族、文化等各方面的情况都保存有详细记录，我们现实生活中的许多社会问题都可以在档案中查找到根源，都可以查找到这些问题在五百多年中是什么状况。它的丰富性、它的信息量大是明清档案的一个特点。

第二，系统性。这一千多万件档案分别由七十多个机构产生，是处理公务中的文件，不是片断零碎的记载，是对历史事件自始至终、原原本本的记录；不是个别的记载，而是历史事件全过程的反映。譬如中日甲午战争形成的档案，只要看甲午战争资料中外交和军事档案，对于这次战争发生、发展、失败的全过程就可以了如指掌，对于这次战争的原因，每次作战指挥部署、双方胜负、外交折冲、主和主战的争论以及马关谈判、签订和约都十分清楚，它保持了时间上的连续性和内容上的系统性，不是一堆杂乱无章的个别记录。

第三，直接性。档案是第一手资料，是在历史事件进行过程中形成的文件，是当事人的亲身经历和直接记录，不是事后的回忆，也不是听来的传闻，写档案时是在写处理事情的文件，不是在写历史。这种直接性，一定程度上保证了档案本身的可靠性和权威性，避免了记忆模糊所造成的传闻错误或主观臆想。当然档案中也有记载错误，例如，战争中夸大自己战果或消息来源不正确，这种错误也反映了当事人的局限性。例如，1792 年（乾隆五十七年）英国派马戛尔尼使团出使中国，目的是要和清政府谈判取得通商利益，但清政府以为这个使团是来庆祝乾隆皇帝八十大寿的，十分优待，档案中全是英使来补祝万寿的记载。所说祝寿当然是错了，但这个错误本身就反映了清政府不了解外情，后由于礼节问题双方僵持，谈判失败，清政府态度立即改变，以前优待英使团，以后极冷淡，英使团几乎被驱逐出北京。这种错误本身说明了当时清朝统治者的认识和以后态度的转变构成历史的一部分，不同于普通的纯粹的谬误。

由于历史档案本身的三个特点，所以它被历史学家们认为是研究清史和近代史最重要的第一手材料，离开了档案就不可能做严肃的、深入的研究。所以，第一历史档案馆是我国巨大的历史文化宝库，有着几乎取之不尽的文化资料和历史材料。

历史的轨迹　文化的瑰珍

中国第一历史档案馆收藏着我国明清两代一千多万件的文书档案，这是极其珍贵的历史文化遗产。它具体地记录着中国人民在明清两代五百多年间所进行的生产斗争和阶级斗争，详细地反映了当时政治、经济、军事、外交、文化等各个领域的重要活动，留下了明清两代历史发展的轨迹，是研究我国历史的第一手资料。其内容之珍贵、数量之宏富，为全世界学术界所瞩目。"大内档案"与"殷墟甲骨""敦煌经卷"被称为 19 世纪末 20 世纪初中国学术文化方面的三项重大发现。在这些发现的基础上，发展了专门的学科，大大充实和丰富了我国历史文化的宝库。

明清档案内，还包含过去几百年内农业、工业、商业、科技方面的大量信息，给今天建设水利工程、勘察资源物产、研究天文气象、预报地震洪水等提供了历史依据，对社会主义现代化建设具有重大价值。

明清档案这一历史文化珍品，和中华民族的命运一样，经历了坎坷曲折的路程。在清朝封建统治下，这批文书档案深藏在皇家内库，尘封灰积，不被人所窥知。清朝被推翻后，由于库房坍塌，很多档案被弃置露天，任凭风吹雨淋，甚至发生了八千麻袋档案被当作废纸，出售给造纸厂的事件。珍贵的历史资料，几乎遭到毁灭。1925年，故宫博物院的文献部成立，我国才有了保管和整理档案的专门机构。新中国成立前的二十多年间，从事档案工作的老专家、老前辈为抢救和保存祖国的这份历史遗产竭尽全力；他们整理、发表了部分档案，并在我国开创了历史档案学这一新的学科。但是，当时社会动荡、经费短缺、人员很少、库房破旧，各方面的条件很差，档案工作困难重重，前途黯淡。新中国成立以后，政府十分重视历史档案的整理和利用，投入了大量的人力、物力，历史档案工作取得了很大的成绩。在中国第一历史档案馆全体同志的努力下，集中分散的档案，修复破损的藏品，建造新的库房，更新设备，改善保管条件，并进行大规模的编目整理，改进借阅制度，提供阅览方便，建立编辑和研究机构，培养人才，发行刊物，大量出版档案资料，对学术研究和"四化"建设起了重要的作用，这些成绩的取得是很值得祝贺的。研究明清和近代中国的历史，研究几百年来中华民族所走过的路程和中国社会的变迁，都离不开档案的使用。可以说，历史和其他方面研究的成果中都凝聚着历史档案工作者的辛勤劳动，我们历史学界向从事档案工作的专家们、同志们表示深切的敬意和衷心的感谢。

历史档案的保管和利用是有关继承与发扬历史文化遗产，建设社会主义物质文明、精神文明的大问题。虽然过去的档案工作已取得了很大成绩，但由于档案浩如烟海，摆在我们面前的任务还十分艰巨。从历史研究的角度设想，我提出几点建议和希望，以供今后工作参考。

首先，调查、摸清分散在全国各地和国外的历史档案，有些要进行抢救，妥善保存。如果有条件，可否考虑在历史档案比较集中的地方建立第三、第四历史档案馆（如东北、四川、西藏）。

其次，尽快复制全部馆藏，以后借阅时只使用复制件，将原件妥善保存，以免频繁出借，损毁原档。

最后，在保管、修复、编目、索引等方面采用新技术、引进新设备。在借阅方面，改革制度、改善条件，进一步为读者提供便利。在发表档案方面，加快速度，争取出版多卷本的档案汇编。

提一些建议和希望是比较容易的，要付之实现就会有很多困难，要进行艰苦的努力。我们历史学界有责任尽力支持和协助档案学界的工作。希望档案学家、历史学家和其他方面的专家携起手来，更亲密地合作，为发掘、利用历史档案的宝库而共同努力。

古籍整理的几点建议

中央决定加强古籍的整理、出版，这是十分英明的决定。我国历史悠久，古籍丰富，古代文化极其光辉灿烂。今天，为了提高全民族的文化水平，建设社会主义精神文明，当然要吸取和继承我国的文化历史遗产。古籍的整理并不是无足轻重、可有可无的工作，而是社会主义伟大建设事业的一个组成部分。

一、要大大加快整理和出版的速度

新中国成立以来，我们出版了一些古籍，但数量太少，据《古籍目录》所载，1949至1976年出版古籍共约两千五百种，平均每年一百种，这与我们所拥有的丰富浩瀚的古籍数量很不相称。据说，台湾出版古籍数量多、速度快，仅编印清史研究的各种丛书即达八百多种，其中如近代史料丛刊有二百种，明清未刻稿汇编有一百二十二种，装潢精致，洋洋大观。

我们已出版的古籍中有一些质量较高，如标点本"二十四史"、《资治通鉴》《中国近代史资料丛刊》等，但为数很少。大量的是中医书，五百多种，占百分之二十以上；诗词和戏曲小说，约九百种，占百分之三十五；而哲学、历史、地理、政治、法律、经济方面的著作，只占百分之三十五；其中还有很多是普及性的选本。有一段时期，只能出法家著作与《红楼梦》，这类书籍印数很多，其他书籍成为禁区。被认为是古代反面人物的著作，如宋明理学等唯心主义思想家以及近代的曾国藩、左宗棠、李鸿章、张之洞的集子，尤其很少整理出版。

我们古籍整理、出版进行得很慢、很少，有各种原因。其中原因之一是没有利用影印手段，而多是标点、校勘、加注、作序，耗费力量多，所花时间长。当然这种较细微的整理是应该做的，而且今后也要加强，但同时必须大力影印古籍。五十年前，商务印书馆影印"四部丛刊""百衲本二十四史"，既快且好，嘉惠学术界匪浅，似可仿照办理。台湾出书之所以多，就是充分利用了影印手段。我们有些大部头书，不必加以标点、注释，如《明实录》《清实录》，现在国内极为难得。一部四千多卷的《清实录》，售价高达数万元，如果影印，在不太长的时间内就能出书。

我们过去似乎有些框框的束缚，不敢大胆放手出版古籍，一是害怕封建毒素的散布，二是害怕古书中的一些说法影响当前的外交工作、民族团结，所以出书慎之又慎。一般出古书都要加序作跋，说明和批判其中的封建糟粕，甚至删改古书的内容。当然，慎重从事，一定的把关是必要的，但掌握过严，拖延了出书的时间，增加了出书的困难，至于删改内容，那是完全要不得的。希望古籍整理、出版也要解放思想，相信群众，使古籍出得更快，品种更多。

二、对古籍进行全面调查

中国的古籍究竟有多少？哪些可算善本书？有多少抄本、稿本？收藏在什么地方？正是言人人殊。至今我们对古籍并无全面的了解，除了前人官私目录所著录外，我们自己没有一本全国的古籍目录，好像一座丰富的宝藏，主人却没有一份账单。今后，我们应组织力量，进行一次普查，先从若干著名的大图书馆做起，以至一般的图书馆、博物馆和私人库藏。著录书名、作者、卷数、版本、收藏地点、书目解题，这是古籍整理的一项基本建设，也是以后长期搞古籍研究的工作依据。

还应注意的是，图书资料收藏单位对珍本、善本的借阅办法应加以改进，克服目前借阅和复制图书困难的局面，要积极配合古籍整理工作，密切同学术界、出版界的联系，提供线索，沟通情况，以有利于工作的开展。

国外有不少国内已见不到的珍本书，自从清末黎庶昌、杨守敬从日本带回一些古籍之后，不断有学者在国外摄制胶卷携回祖国。新中国成立后，此项工作中断，建议有计划地派人去国外调查和复制古籍，如日本的东洋文库，英国的伦敦博物院，美国的国会图书馆、哈佛燕京学社等，庋藏极多。

例如美国家谱学会所藏我国家谱有四千五百种，藏量之丰，在全世界首屈一指，国内近几十年来家谱多遭焚毁，应复制携回；又该学会所藏中国地方志有五千种，可与北京图书馆相比，其中必有不少在国内已失传的本子。

三、应重视清代典籍的整理和出版

过去的古籍整理，很重视汉简唐碑、宋元刻本，这些当然都是国之瑰宝。但清代二百六十八年遗留下的典籍，汗牛充栋，不计其数，时间离我们很近，古籍中的内容与现实密切有关，而且过去不受注意，许多书籍无人整理，尘封蠹蚀，日就澌灭，值得我们大力注意。

清代以前和清初的古籍，《四库全书》的正目和存目，共列一万多种，而《四库全书》以后的书，据孙殿起的《贩书偶记》和《贩书偶记续编》所列，就有一万六千种，可见其数量之大。如以文集论，现在的历代文集约八千种，清代文集占五千种；如以地方志论，现存历代方志八千五百种，清以后的方志占六千多种；其他经籍、史籍、丛书、类书、笔记野史，清代均占极大的数量（这里姑且不论数达九百多万件的大内档案）。但清代的典籍整理得最差，出版的比较少。清以前的古籍，在编纂《四库全书》时，予以总结性的整理，虽其观点、方法有很大的缺点，但总算做过整理，许多人花了力气，对书籍的源流、状况、分类、版本、内容，都做过一些考证分析；而清代典籍十分杂乱，无人研究，至今弄不清全部典籍的情况和收藏，还有大量的稿本、抄本分散各地，如不迅速复制，恐将消灭无存。

清代典籍中尤应注意少数民族的典籍，如《满文老档》，日本已翻译出版，台湾也已印出一部分，而我国大陆呼吁多年，进展仍不快，今翻译、注释已完成，但全部印出尚须几年之后。听说布达拉宫、西藏寺院有大批藏文史籍和经文，国外已有许多国家设有西藏研究中心，随达赖出走的一些喇嘛学者携带不少资料，在国外陆续翻译、出版，"藏学"已成国际学术界的热门。我们也应投入力量，研究西藏的历史、宗教，整理藏文典籍，赶紧补上空白。

四、培养人才、设置机构

整理古籍，工程浩大，而且是长期的任务，应设置专门机构，负责全面规划，组织人力及印刷出版事宜。古籍整理最大的困难是缺乏专门人才，此项工作需要专门的知识，要有一批年富力强、刻苦努力、甘心长期坐冷板凳、钻线装书的专家。现在老一辈的专家凋落殆尽，后继乏人。培养人才是各条战线都存在的问题，而古籍整理方面尤其迫切，没有人，调查、搜集、保管、复制以及标点、校勘、注释、编选等工作就无从进行，而培养人才不是一年半载就能奏效的，即使立即抓这项工作，也要在五年、十年之后才能见效，补充较多的新鲜血液。

五、经费

整理和出版古籍，要有一笔经费，这样才能和一般出版物分开，加快速度。现在的出版社，以经济办法管理企业，过多地考虑利润、奖金，不大愿意出版较难排印而又要亏损的古籍。有些单位的同志，整理了各种资料和古籍，但找不到出版的地方，稿件长期积压，故而不是出版社预先约定，大家都不敢动手，怕劳而无功。这样就大大影响了古籍整理的积极性和速度。建议国家设置古籍整理出版基金，其用途为：一是开支印刷出版费用，承担其亏损；二是建立古籍资料中心，进行调查复制，以利工作开展；三是给专家们以适当的报酬，听说由于出版社稿酬太微薄，有的同志整理古籍，自备纸张，自行复制或请人抄写，出版后的酬劳尚不足以偿付其垫支的经费。为了促进古籍的整理出版，设置此项基金是十分必要的。

《清史稿》的纂修及其缺陷

　　我国有易代修史的传统，每当前一个朝代的统治结束，后继的政府为了吸取历史经验，都要为前一代修史，如此继承绵延，积累了丰富的历史典籍，被称为"正史"的"二十四史"就是这样形成的。清朝覆亡以后，后继的民国政府很快就启动了纂修清史的工作。经民国政府国务会议议决，1914年3月9日，大总统袁世凯下令设置清史馆，聘赵尔巽为馆长，延"聘通儒分任编纂，踵二十四史沿袭之旧例，成二百余年传信之专书，用以昭示来兹，导扬盛美，本大总统有厚望焉"①。（赵尔巽为汉军旗同治进士，曾任清山西、湖南等省巡抚，东三省总督。）赵尔巽死后，由柯绍忞代馆长。

　　清史馆早期邀请学者一百三十六人，后实际到馆工作者八十六人，另有一百多位执行人员。参加撰写工作较多的有：柯绍忞（任天文、时宪志）、吴廷燮（任部分本纪、表、地理志）、缪荃孙（任儒林、文苑传、列传、土司传）、金兆

---

　　① 《大总统袁世凯设置清史馆令》，载《政府公报》，第660号。

蕃（任清前期列传）、吴士鉴（任宗室、世系表、部分地理志）、袁励准（任列传）、万本端（任礼志、舆服志）、邓邦述（任本纪、光宣列传）、秦树声（任地理志）、章钰（任忠义传、艺文志）、俞陛云（任兵志、列传）、姚永朴（任食货志、列传）、罗惇曧（任交通志）、吴广霈（任邦交志）、张尔田（任地理志、刑法志、乐志、后妃传）、李岳瑞（任列传）、金兆丰（任地理志）、马其昶（任列传）、刘师培（任出使大臣表）、王树枬（任列传）、夏孙桐（任列传）、奭良（任列传）、瑞洵（任本纪）、姚永概（任食货志）、朱师辙（任艺文志）、李哲明（任本纪、列传）、戴锡章（任邦交志、列传）。

清史馆经费初定为每月十万银圆，最高级人士月薪达六百元，后北洋政府财政困难，经费时有拖欠、扣减，不能按时按额发给，只得向当时的军阀如吴佩孚、张宗昌、张作霖等募捐，左支右绌，勉强维持。至1927年，北伐军将要打到北京，北洋军阀政府朝不保夕。《清史稿》全书虽基本竣工，但未经总阅修订，故名《清史稿》，共五百三十六卷，八百余万字。由袁金铠、金梁负责刊刻发行，共印刷一千一百部。后金梁私携其中四百部前往东北，且私自修改（加入张勋、康有为传，删改艺文志序，增校刻记，其他列传亦有修改），在关外发行，是为"关外本"。清史馆同人在北京集会，反对金梁的擅自修改，另行出版"关内本"。

《清史稿》出版之翌年，即1929年12月16日，故宫博物院院长易培基呈文行政院，建议禁止《清史稿》之发行，呈文内称：《清史稿》"系用亡清遗老主持其事……彼辈自诩忠于前朝，乃以诽谤民国为能事，并不顾其既食周粟之嫌，遂至乖谬百出，开千百年未有之奇……故其体例文字之错谬百出，尤属指不胜屈，此书若任其发行，实为民国之奇耻大辱"①。并开列《清史稿》之十九项错误：（1）反革命；（2）藐视先烈；（3）不奉民国正朔；（4）例书伪谥；（5）称扬诸遗老，鼓励复辟；（6）反对汉族；（7）为清朝讳；（8）体例不合；（9）体例不一致；（10）人名先后不一致；（11）一人两传；（12）目录与书不合；（13）纪、表、传、志互相不合；（14）有日无月；（15）人名错误；（16）事迹之年月不详载；（17）泥古不化；（18）浅陋；（19）忽略。前七条错误属于政治性错误，后十二条则为学术上、体例上、史实上、文字上的错误。

国民党政府将《清史稿》"永远封存，禁其流行"，这未免太过分。前辈学者孟森、容庚先生为求《清史稿》之解禁，做过较客观公正之评论。平心而论，《清史稿》一书撰写时离清朝覆亡甚近，修史者大多为忠于清室之遗老，有很多谀扬清朝、反对革命之词。且当时清朝档案尚未清理，修史时多根据国史馆稿件，未曾利用原始材料，故价值较逊。又成书仓促，未能统一校改，史实、人名、地名、年月日的错误遗漏比比皆是，故而是一部有缺陷的史书。今天修史的主客观条件与20世纪初的情况大异，应该利用清室遗留的

① 易培基：《呈行政院文》，1929年12月16日。

大量档案，集中人力、物力纂修一部能正确反映清代近三百年之历史的史书。对于《清史稿》一书的缺陷，可从四个方面来考察。

一、立场

《清史稿》作者明确站在清朝一边，反对辛亥革命，不愿意写清朝的覆亡，对清末革命党的活动写得很少。如兴中会、同盟会的建立，《民报》的出版，孙中山领导的许多次武装起义，都是当时政治上的重大事件，《清史稿》全都没有记载，看不出清朝是怎样被推翻的。即使有一点关于革命活动的零星记载，也语含贬抑，评价很不公正。如写武昌起义：宣统三年（1911）八月"甲寅，革命党谋乱于武昌，事觉，捕三十二人，诛刘汝夔等三人……乙卯，武昌新军变附于革命党，总督瑞澂弃城走，遂陷武昌……丙辰，张彪以兵匪构变，弃营潜逃……嗣是行省各拥兵据地号独立，举为魁者皆称都督"[1]。寥寥数十字，就把修史者反对革命的立场体现得十分鲜明。将革命活动视为"谋逆""作乱"，将革命中牺牲的烈士视为"匪党""伏诛"。如光绪三十三年（1907）七月，"诏以匪徒谋逆，往往假革命名词，巧为煽诱"[2]。同年，徐锡麟在安庆刺死巡抚恩铭，该书称"安徽候补道徐锡麟刺

---

[1] 《清史稿》卷二十五《宣统皇帝本纪》，见赵尔巽等：《清史稿》，第4册，第996~997页。

[2] 《清史稿》卷二十四《德宗本纪二》，见赵尔巽等：《清史稿》，第4册，第959页。

杀巡抚恩铭，锡麟捕得伏诛"①。又称"武昌乱起，各省响应，朝论纷吷"②。四川保路运动是武昌起义的先声，《清史稿》载："会川乱起，（赵）尔丰还省……尔丰至成都，察乱已成……重庆兵变，会匪蜂起……商民请尔丰出定乱。"③1912年1月1日，孙中山当选临时大总统，《清史稿》称："甲戌，各省代表十七人开选举临时大总统选举会于上海，举临时大总统，立政府于南京，定号曰中华民国。"④民国已建立，政府已组成，临时大总统亦选出，但不书孙文之名，遗老们系用春秋笔法蔑视中山先生，故意不写他的名字。孙中山是推翻清朝统治的领袖，《清史稿》上孙文之名仅见一次：光绪三十年（1904）五月"丙戌，懿旨特赦戊戌党籍，除康有为、梁启超、孙文外，褫职者复原衔，通缉、监禁、编管者释免之"⑤。这是慈禧太后下旨赦免戊戌党人时，特别指名康、梁、孙三人为大逆不赦，这样才提到了孙文之名。

相反，凡对抗革命者则大加歌颂、表扬，《清史稿》卷四百六十九为赵尔丰、冯汝骙、陆钟琦等一批被革命军击毙的督抚写传记，或称"不屈遇害"，或称"骂不绝口"，或

---

① 《清史稿》卷二十四《德宗本纪二》，见赵尔巽等：《清史稿》，第4册，第959页。
② 《清史稿》卷四百七十《良弼》，见赵尔巽等：《清史稿》，第42册，第12799页。
③ 《清史稿》卷四百六十九《赵尔丰冯汝骙陆钟琦》，见赵尔巽等：《清史稿》，第42册，第12794~12795页。
④ 《清史稿》卷二十五《宣统皇帝本纪》，见赵尔巽等：《清史稿》，第4册，第1003页。
⑤ 《清史稿》卷二十四《德宗本纪二》，见赵尔巽等：《清史稿》，第4册，第948页。

称"忠孝节义萃于一门",篇末论曰或"慷慨捐躯,或从容就义,示天下以大节,垂绝纲常,庶几恃以复振焉"[①]。这些吹捧之词,反映了修史者拥护清朝、反对民国的心态。

再者《忠义传》中列有梁济(梁漱溟之父)、王国维二人,称两人是因清朝覆亡而投湖自杀的,故列入《忠义传》。但是梁济投净业湖自杀在1916年,已在清亡后四年;王国维投昆明湖自杀在1928年,已在清亡后十六年。清朝灭亡的时候,梁济、王国维为何不自杀,而等待那么长时间才自杀?梁济、王国维二人自杀的原因至今不明,怎能断言是为清朝"殉国"?

《清史稿》记述李自成、张献忠、南明、白莲教、太平天国一概称"匪""逆""寇""贼",立场亦极为鲜明。《清史稿》记载民国以后的事,不用民国纪年而用干支纪年,如民国元年称壬子,民国二年称癸丑,民国三年称甲寅,表示不承认中华民国,不奉其正朔。《清史稿》是中华民国出钱聘请纂修的,纂修者竟然不承认民国,诬蔑辛亥革命,所以易培基请禁《清史稿》的呈文中说它"乖谬百出,开千百年未有之奇","此书若任其发行,实为民国之奇耻大辱","若在前代,其身必受大辟,其书当然焚毁。现今我政府不罪其人,已属宽仁之至,至其书则决不宜再流行海内,贻笑后人,为吾民国之玷。宜将背叛之《清史稿》一书永远封存,禁其发行"[②]。

---

① 《清史稿》卷四百六十九《赵尔丰冯汝騤陆钟琦》,见赵尔巽等:《清史稿》,第42册,第12790页。

② 易培基:《呈行政院文》,1929年12月16日。

二、内容

晚清，帝国主义侵略中国，清朝丧权辱国，这是历史上的大事，《清史稿》为避清朝讳，往往轻描淡写，语焉不详，既看不出侵略者的凶狠，也看不出清朝政府的卖国。如鸦片战争后签订《南京条约》，《本纪》中仅书道光二十二年（1842）"八月戊寅，耆英奏广州、福州、厦门、宁波、上海各海口，与英国定议通商"①。《耆英传》中稍详细："英人索烟价、商欠、战费共两千一百万两，广州、福州、厦门、宁波、上海五港通商，英官与中国官员用平行礼，及划抵关税，释放汉奸等款……耆英等与英将濮鼎查、马利逊会盟于仪凤门外静海寺，同签条约……和议遂成。"②寥寥几十个字，只提到赔款、通商，而对关系重大的割让香港、协定关税并未提及。

又如，中国的海关为外国把持，英人赫德长期任总税务司，掌握国家之锁钥，门户洞开，利权尽失，而《清史稿》对海关主权的丧失全无记载，视而不见，无动于衷。

又如，新疆于光绪十年（1884）建行省，台湾于光绪十一年（1885）建行省，这几乎是人所共知的常识。而《清史稿·地理一》中却说："穆宗（同治）中兴以后，台湾、新疆改列行省；德宗（光绪）嗣位，复将奉天、吉林、黑龙

---

① 《清史稿》卷十九《宣宗本纪三》，见赵尔巽等：《清史稿》，第4册，第687页。
② 《清史稿》卷三百七十《宗室耆英》，见赵尔巽等：《清史稿》，第37册，第11506页，北京，中华书局，1977。

江改为东三省。"① 这里把台湾、新疆建省提前到同治年间。而《清史稿·地理十七》中又称"光绪十三年，升台湾府为行省"②，又把台湾建省推迟两年。这都是不应有的错误。

修史者由于知识结构的局限，对外国不了解，错误最多，如说"俄国界近大西洋者崇天主教"③。其实，俄国近波罗的海，距大西洋尚远，崇奉东正教，而不是天主教。修史者对新鲜事物缺乏兴趣，也不甚了解。晚清洋务运动中，设工厂、开矿山、建铁路、造轮船，开始启动中国近代化的步伐。而《清史稿》仅设立《交通志》，以铁路、轮船、电报、邮政四项概括了当时的工矿交通建设，而对当时的上海制造局，开滦煤矿，黑龙江漠河金矿，云南个旧锡矿，汉冶萍企业，张之洞开办的湖北布、纱、丝、麻四厂，上海纺织局，华盛纱厂，台湾的基隆煤矿以及张謇开办的大生纱厂，荣宗敬、荣德生的茂新面粉厂，张振勋的张裕酿酒厂等一大批近代工矿企业均视而不见。在轮船一项下亦只记载了轮船招商局，而遗漏了中国造船工业之始的福建船政局。我们今天看来这些工矿企业十分重要，标志着清末近代化的艰难起步，而《清史稿》偏偏忽略不计。近代帝国主义在中国的投资，对中国社会经

① 《清史稿》卷五十四《地理一》，见赵尔巽等：《清史稿》，第8册，第1891页，北京，中华书局，1976。

② 《清史稿》卷七十《地理十七》，见赵尔巽等：《清史稿》，第9册，第2241页，北京，中华书局，1976。

③ 《清史稿》卷一百五十三《邦交一·俄罗斯》，见赵尔巽等：《清史稿》，第16册，第4484页，北京，中华书局，1976。

济影响极为巨大，《清史稿》均无记载。这些都是重大的遗漏失误。

李鸿章是清末的重要历史人物，是洋务运动的领袖。凡工厂、矿山、电报、铁路事业以及新式海军大多由他一手创办，晚清中国和外国交涉谈判、签订条约大多亦由他主持。《清史稿》中《李鸿章传》，大部分篇幅叙述李鸿章如何镇压太平天国和捻军，其他只占小部分篇幅，轻重倒置，很多重要东西都遗漏了。

还有由于修史者缺乏自然科学知识，在《时宪志》中编进了《八线表》，这是初中学生数学教科书中的对数表，和清史风马牛不相及，写在历史书中，实属不伦不类。又《阮元传》称"集清代天文、律算诸家作《畴人传》，以章绝学"①。其实阮元所作《畴人传》为记载我国历代科学家之传记，非仅记有清一代，修史者可能对此书未曾寓目，故而误认为仅是记载清代科学家的书籍。

三、体例

清朝统治期内，存在南明政权（包括弘光、隆武、永历三朝）共十八年，以及太平天国政权十四年，按传统史书应设《载记》以记其事。《清史稿》处理草率，南明政权只设立三个传记，即《张煌言传》《李定国传》《郑成功传》；

---

① 《清史稿》卷三百六十四《阮元》，见赵尔巽等：《清史稿》，第38册，第11423页，北京，中华书局，1977。

而太平天国只设《洪秀全传》，其他重要人物如杨秀清、石达开、李秀成、陈玉成、洪仁玕均未立传。

《河渠志》记载全国河流的情况，却只记载黄河、淮河、运河、永定河四条，我国最长的河流长江遗漏不记，其他像珠江、黑龙江、松花江、雅鲁藏布江等大江大河全都不见踪影，岂不是笑话！

《天文志》只记到乾隆朝为止，乾隆以后一百多年，无天文可查。原因是外国传教士任职钦天监期间，有天文记录。传教士被全部赶跑后，天文失载，资料缺乏，故只有半部《天文志》。

《列传》的设置十分凌乱，一人二传者共十四人（王照园、乌什哈达、马三俊、安禄、周春、乐善、兰鼎元、胡承诺、苏纳、惠伦、罗璧、阿什坦、谢启昆、陈撰），以前《元史》因译名杂乱，一人多有二传者，共十三人。顾炎武、朱彝尊、赵翼、钱大昕均批评《元史》体例混乱，而《清史稿》无译名之杂，却有一人二传之误，较《元史》更甚。

又有应立传而不立传者，如翁方纲、朱筠、吕留良、谭钟麟。又如严复是晚清思想家，翻译《天演论》等名著，介绍西方文化到中国，对中国思想界影响甚大。毛泽东评论晚清人物，列举洪秀全、康有为、严复、孙中山四人，而《清史稿》不为严复立专传，只在林纾之下列严复的附传。

《清史稿》的《列女传》，开列妇女二三百人，大多是丈夫早死，守节不嫁，受政府表扬。所谓"清制，礼部掌旌格孝妇、孝女、烈妇、烈女、守节、殉节、未婚守节，岁会而上，都数千人"，内容宣扬纲常礼教、三从四德、夫死殉节，是封建的糟粕。

《清史稿》卷二百七十二，列汤若望、杨光先、南怀仁在一起。一个是德国人，一个是中国人，一个是比利时人，放在一起，已有不伦不类之感。《清史稿》既为外国人立传，那么对中国有重大影响的外国人何止汤若望、南怀仁二人。其他如清朝中期的郎世宁、蒋友仁，尤其是清朝晚期的德璀琳、汉纳根、丁韪良、李提摩太、傅兰雅等人，《清史稿》何以均不立传？

四、史事

《清史稿》一书记载之史事有很多失实之处，如载延信"雍正元年袭贝子，寻以功封郡王。六年，因罪革爵"①。误。按：延信之最高封爵为贝勒，未封郡王，雍正三年（1725）革爵，非六年（1728）。又称："弘曕世宗第六子"②，"弘昐世宗第六子"③，"福宜为世宗第七子"④。误。世宗岂有两个第六子？按：弘曕为第六子，弘昐则为第七子，福宜为

---

① 《清史稿》卷一百六十三《皇子世表三》，见赵尔巽等：《清史稿》，第 18 册，第 5041~5042 页，北京，中华书局，1976。
② 《清史稿》卷一百六十五《皇子世表五》，见赵尔巽等：《清史稿》，第 18 册，第 5202 页。
③ 同上书，第 5204 页。
④ 同上书，第 5204~5205 页。

第八子。又《诸王四》称:"信宣和郡王多尼,多铎第一子"①,"信郡王董额,多铎第三子"②。误。按:多尼应为第二子,董额应第七子。又《职官一》载:"咸丰间,复命恭亲王入直,历三朝领班如故。嗣是醇贤亲王、礼亲王、庆亲王等踵相躐。"③误。按:醇亲王奕譞曾主持总理海军衙门,而从未进入军机处。又《职官五》载:"康熙元年,诛内监吴良辅。"④ 误。按:吴良辅被杀在顺治十八年(1661),非康熙元年(1662)。又《职官六》载:"延及德宗(光绪),外患蹙迹,译署始立。"⑤误。按:译署即总理各国事务衙门之简称,设立在咸丰年间,并非光绪时。又《公主表》载宣宗第六女寿恩固伦公主道"光十年十二月生,咸丰九年四月薨,年三十八"⑥。误。按:按其生卒年计算,虚岁仅三十岁而非三十八岁。《邦交二》载:"英有里国太者,嘉应州人也,世仰食外洋,随英公使额尔金为行营参赞。⑦ 误。按:里国太亦译李泰国,李泰国曾任

① 《清史稿》卷二百一十八《诸王四》,见赵尔巽等:《清史稿》,第30册,第9037页,北京,中华书局,1976。

② 同上书,第9038页。

③ 《清史稿》卷一百一十四《职官一》,见赵尔巽等:《清史稿》,第12册,第3270页,北京,中华书局,1976。

④ 《清史稿》卷一百一十八《职官五》,见赵尔巽等:《清史稿》,第12册,第3425页。

⑤ 《清史稿》卷一百一十九《职官六》,见赵尔巽等:《清史稿》,第12册,第3445页。

⑥ 《清史稿》卷一百六十六《公主表》,见赵尔巽等:《清史稿》,第18册,第5298~5299页。

⑦ 《清史稿》卷一百五十四《邦交二》,见赵尔巽等:《清史稿》,第16册,第4526页。

中国第一任总税务司，英国人，并非华裔，与广东嘉应州毫无关系。最荒唐的是《忠义七》叙太平天国时，浙江诸暨县所属包村，抗拒太平军"相持八九月，大小数十战，毙贼十余万"①，"合村死者，盖六十余万人"②。小小的包村作战双方，死者合计七十余万人，比起抗日战争中日本侵略军在南京屠杀我国三十万同胞，数目还要增加一倍多，这样明显的夸大失实之词，还能称得上信史吗？

至于人名、地名、年月日之讹误，更数不胜数。仅阅太祖、太宗、顺治、康熙四帝《本纪》七卷，其错误之处就极多。如《太祖本纪》载："丁未春正月，瓦尔喀斐悠城长穆特黑来"③，应作"策穆特黑"。"二月癸未，上还辽阳，辽阳城圮"④，辽阳城圮于三月，非二月。《太宗本纪一》载：天聪三年（1629）十一月，"宁远巡抚袁崇焕、锦州总兵祖大寿屯沙窝门"⑤，应为广渠门；天聪四年（1630）正月，"其帅明兵部尚书刘之纶领兵至"⑥，刘之纶应为兵部侍郎，战死后追赠尚书；天聪五年（1631）九月，"明太仆寺卿监军张春，总兵吴襄、

---

① 《清史稿》卷四百九十三《忠义七》，见赵尔巽等：《清史稿》，第45册，第13653~13654页，北京，中华书局，1977。
② 同上书，第13654页。
③ 《清史稿》卷一《太祖本纪》，见赵尔巽等：《清史稿》，第2册，第7页，北京，中华书局，1976。
④ 同上书，第14页。
⑤ 《清史稿》卷二《太宗本纪一》，见赵尔巽等：《清史稿》，第2册，第29页。
⑥ 同上书，第31页。

钟纬等,以马步兵四万来援"①,钟纬应作宋纬。《世祖本纪一》
载:顺治二年(1645)六月,"自成窜九宫山,自缢死"②,
李自成为地主武装击杀,非自缢;顺治二年(1645)十月,
"故明唐王朱聿钊据福建"③,唐王名朱聿键,非朱聿钊;
顺治三年(1646)八月,"杀故明蜀王朱盛浓"④,朱盛浓
为楚王非蜀王;顺治六年(1649)八月,"以张孝仁为直隶、
山东、河南总督"⑤,张孝仁应为张存仁。《世祖本纪二》载:
顺治十七年(1660)六月,"大学士刘正宗、成克巩、魏裔
介以罪免"⑥,时魏裔介官左都御史,非大学士。《圣祖本纪》
载:顺治十八年(1661)十月,山东于七起事,"命靖东将
军济世哈讨平之"⑦,济世哈应为济席哈;康熙五年(1666)
三月,"以胡拜为直隶总督"⑧,是年直隶总督为朱昌祚,
非胡拜;康熙十三年(1674)九月,"命简亲王喇布为扬威
大将军,率师赴江西"⑨,喇布率师赴江宁,非江西;康熙
十七年(1678)七月,"吴三桂僭号于衡州"⑩,吴三桂称

---

① 《清史稿》卷二《太宗本纪一》,见赵尔巽等:《清史稿》,第2册,
    第36页,北京,中华书局,1976。
② 同上书,第97页。
③ 同上书,第99页。
④ 同上书,第103页。
⑤ 同上书,第116页。
⑥ 《清史稿》卷五《世祖本纪二》,见赵尔巽等:《清史稿》,第2册,
    第160页。
⑦ 《清史稿》卷六《圣祖本纪一》,见赵尔巽等:《清史稿》,第2册,
    第167页。
⑧ 同上书,第173页。
⑨ 同上书,第188页。
⑩ 同上书,第198页。

帝应在本年三月，非七月；康熙十九年（1680）正月，"伪巡抚张文等迎降"①，应为张文德，漏一"德"字；同年三月，"吴丹复重庆，达州、奉乡诸州县悉定"②，四川无奉乡县，应为东乡县。《圣祖本纪二》载：康熙二十九年（1690），"恭亲王常宁为安远大将军，简亲王喇布、信郡王鄂扎副之"③，常宁应为安北大将军，非安远大将军，喇布已死于康熙二十年（1681），其弟雅布袭封简亲王，此处应为雅布，非喇布；康熙三十六年（1697），"振平将军、湖广提督徐治都卒"④，振平应作镇平。《圣祖本纪三》载：康熙四十一年（1702）五月，"先是，廉州府连山瑶人作乱"⑤，廉州府应为广州府；康熙四十八年（1709）十月，"皇九子胤禟、皇十二子胤祹、皇十四子胤禵俱为贝勒"⑥，应为贝子，非贝勒。以上所引太祖、太宗、顺治、康熙四帝《本纪》共七卷中错误十八处，是汪宗衍先生在《读清史稿札记》中所摘，无怪汪宗衍先生评论说："翻阅所及，凡年份、官爵、人、地、书名，误、倒、衍、夺之处，不胜条举，史实牴牾、体例乖谬亦多有之。"⑦

① 《清史稿》卷二《太宗本纪一》，见赵尔巽等：《清史稿》，第2册，第202页，北京，中华书局，1976。

② 同上。

③ 《清史稿》卷七《圣祖本纪二》，见赵尔巽等：《清史稿》，第2册，第229~230页。

④ 同上书，第229~247页。

⑤ 《清史稿》卷八《圣祖本纪三》，见赵尔巽等：《清史稿》，第2册，第260页。

⑥ 同上书，第276页。

⑦ 汪宗衍：《读清史稿札记》，"前言"1，北京，中华书局，1977。

最近我请中国人民大学清史研究所的几位教师和博士生校勘了十多篇《清史稿》的列传，每篇都有很多错漏之处。《李鸿章传》全文不到八千字，错漏或有问题的地方达二十六处，平均三百字即有一处错误，依此错误率推算，《清史稿》不到九百万字，全书错漏可能达三万处。当然我不是说它一定有三万处错漏，而只是说明其错误之多。听说台湾出了一本《清史稿校注》，主要是校勘其错误，注释其遗漏，全书达一千二百余万字，因我未曾寓目，不能评论。但全书字数竟达一千二百万字，可见《清史稿》错漏确实是很多的。

造成《清史稿》错漏甚多的重要原因有以下几点：

第一，修史者大多为清朝遗老，虽受民国礼聘，但思想感情上留恋灭亡的清朝，对民国没有好感，写作时亦图避免过分得罪民国政府。对清末革命党活动尽量少记，但又不能不记，故笔底常流露其真实感情，反对民国，同情逊清，故而遭到北伐后国民党政府的封禁。

第二，《清史稿》写作时，清代档案尚未整理，亦未为世人所共知，故谈不到利用档案。修史者仅根据清代国史馆中所写底稿与其他书籍编纂而成，史料使用之范围有限。

第三，纂修过程前松后紧，定稿仓促，没有总阅、修改的负责人，故繁简失当，内容前后矛盾，错误百出。

《清史稿》虽有以上所说种种错漏，不是一部理想的史书，但一部八九百万字的大书要挑拣错误肯定会有不少。我撰写本文的目的是说明已有《清史稿》一书，今天我们是否有必要再修清史，故而不惮烦琐，缕述此书的种种缺陷，以见《新清史》纂修之必要。但我不是一笔抹杀，说它毫无是处。《清史稿》根据国史馆稿本编成，而国史馆稿本是由清朝许多代的学者集体编撰、长期积累的学术成果，所写各种传记、志、表，很多是亲历其事，亲见其人，见闻较近而真切，有些内容较以往史书为胜，如：《地理志》所载疆域，很多是前史不载而经实地测量者；《灾异志》所载为水旱蝗疫，较少记载迷信祥瑞之事（亦有少量一妇产四男、龙见于天等可不必记）；又为自然科学家开辟《畴人传》，创前史未有之新。《清史稿》的文体用文言，修史者皆功底深厚之知名文士，故行文简练、清晰、流畅，后人颇难达到他们的文字水平。前辈学者孟森、容庚、金毓黻等建议此书开禁。孟森先生说："总之，《清史稿》为大宗之史料，故为治清代掌故者所甚重。即将来有纠正重作之《清史》，于此不满人意之旧稿，仍为史学家所必保存，供百世之尚论。"①金毓黻先生说："平心论之，是书积十余年之岁月，经数十学者之用心，又有国史原本可据，而历朝所修之实录、圣训及宣统政纪，并将蒋、王、潘、朱四氏之东华录，采撷甚富，史实赅备，囊括以成一代大典，信足以继前代正史之后而同垂于奕祀矣。第其书令人不满者亦有多端：其一则诸志实未备作（如氏族志），列传多有缺遗（如麟庆传云，子崇实宗厚自有传，而崇实无传，又朱简亦无传）；其二则仓卒付印，错讹太多，而于原稿亦刊削未当（如本纪、地理志皆经刊削而后付印）；其三则书

---

① 孟森：《清史稿应否禁锢之商榷》，载《国学季刊》，1932年第四期，第714页。

中时流露遗民口吻，与往代修史之例不合。"①

可见，《清史稿》既是"不满人意"，应该"纠正重作"的有重大缺陷的著作；又是"采摭甚富，史实赅备"，为"治清代掌故者所甚重"的史书。将来重修之《新清史》可以和《清史稿》并存，相互参证。"二十四史"不乏这种并行不悖的事例。如刘昫修《唐书》，薛居正修《五代史》，因篇幅烦冗，故欧阳修又修成《新唐书》《新五代史》，其后新书流行，刘、薛所修书反而晦没不传，至乾隆时才从《永乐大典》中辑出。从此，新旧《唐书》《五代史》四书并列于"二十四史"中。明宋濂修《元史》，讹误甚多，清末柯绍忞作《新元史》，与《元史》并行，北洋政府把《新元史》列为"二十五史"。我认为《新清史》如能启动修成，亦可与《清史稿》并行成"二十七史"。《清史稿》虽有重大缺陷，但这是由历史原因和主客观条件所造成的，参加修史的人已尽了极大的努力，而《清史稿》本身亦有相当之学术价值，不可一笔抹杀。

---

① 金毓黻：《请清史稿札记》，载《国史馆馆刊》，1948年第三期，第26页。

谈《清史稿》的编纂

　　《清史稿》是中国的一部大型纪传体史书，记载有清一代将近三百年的历史。编纂工作从 1914 年始，至 1927 年完成，历时十四年。清史馆馆长为赵尔巽，参加编纂者前后达一百余人。全书共五百三十六卷，比"二十四史"内任何一部史书的篇幅都要大。

　　《清史稿》是利用了清朝国史馆长期积累的史料和成果编纂而成的，分成本纪、表、志、列传四个部分，包罗广泛，内容丰富，是研究清史的重要参考书。孟森先生评论此书"搜辑宏富，纲举目张"。

　　可是，《清史稿》出版后，立即受到严厉的批评，有人指出它有十九个方面的谬误。有的是政治观点问题，有的是体例问题和史实、史料问题。在国民党统治时代，此书被禁止出版。

　　第一，政治观点问题。参加修史的大多是清朝遗老，忠于被推翻的清王朝，歌颂和粉饰清朝统治，对新建立的共和国抱敌对态度，如：把武昌起义称为"革命党谋乱于武昌"；

对于因反对革命而被打死的清朝官吏，称赞他们是"或慷慨捐躯，或从容就义"。

第二，体例问题。纪传体史书创始于司马迁的《史记》，适合记载中国古代历史。但是，到了清代，中国社会发生了巨大的变化，要记录新的、复杂多变的社会生活，需要在体例上做较大的改进。又如《清史稿》中的《孝义传》《列女传》提倡割股疗母、妇女贞节等封建道德，应予废除。

第三，史料问题。《清史稿》编纂时，并未广泛征求各种史料，藏在故宫内的大批清代档案尚未被人注意，外国的许多史料也没有被利用。因此，史实记载遗漏和错误的地方比较多。

1959 年，台湾组成清史编纂委员会，对《清史稿》进行修改，更名为《清史》出版。但时间仓促，只做了局部的修订，主要是修改和补充了南明史、太平天国史和辛亥革命史。在观点上、体例上、史料上还不可能做根本的改进，所以修改本的序言中说："于《清史稿》之原著，不欲大事更张……依新史学之体例与风格，网罗有清一代文献，完成理想中之新清史，则寄厚望于后来之作家。"

现在编纂一部新的大型清史的条件越来越成熟了。一方面，史料越来越丰富，清代近三百年中央机关的档案现在已进行整理，珍贵的史籍，包括许多稿本、抄本陆续被发现，各种官书、诗文集、地方志、笔记、日记、野史大量被印行，外国的史料也很多。一部理想的清史著作必须建立在丰富的史料基础之上。

另一方面，专题研究的成果日益增多。中国大陆的清史学者每年发表的论文达七百篇左右，台湾的学者也有不少著作、论文，欧洲、美洲和日本的学者在清史研究方面也有许多成果，吸收这些研究成果，才能写好新的清史。

现在中国国内的清史专家初步组织起来，有多种刊物和研究会，召开全国的清史会议。我们十分希望和国外专家们建立更密切的联系，交流资料和研究成果，以推动清史研究工作。